국역 담교당강수집 澹交堂講修集

옮긴이 : 윤재환 단국대학교 문과대학 국어국문학과 교수.
동양학연구원 연구실장 및 번역실장. 한국고전문학텍스트연구소 소장.
성호星湖와 순암順菴, 다산茶山 등을 중심으로 한 조선 중·후기 근기 남인들의 문학세계 연구에 주력하고 있으며, 2020년 이후에 들어서서는 소론 계열로 관심의 폭을 넓히고 있다.
저서로 『매산 이하진의 삶과 문학 그리고 성호학의 형성』·『조선 후기 근기 남인 시맥의 형성과 전개』·『상소와 비답』·『옥동 이서의 삶과 시세계 그리고 성호학』 등과 남인 및 소론 계열 문인을 대상으로 한 다수의 공저서가 있으며, 역서로 『창선감의록』·『춘추번로의증』·『성호선생언행록』·『백언해』 등이 있다.

엮은이 : 윤경환 단단국대학교 공과대학 기계공학과 명예교수.
(현)파평윤씨 판서공파(휘 세징)파 종중 회장. (전)한국유변학회 회장.

국역 담교담당수집澹交堂講修集

2025년 11월 20일 초판 1쇄 발행

지은이 : 윤국형·우벽 외 97인
옮긴이 : 윤재환
기획 : 파평윤씨 서산종중 화수회·파평윤씨 판서공(휘 세징)파 종중
기획 및 편집 총괄 : 윤경환
원본 편집 : 윤익모·우양섭
펴낸이 : 김병환
펴낸곳 : 학자원
주소 : 서울시 강동구 천호대로 1121
전화 : 02) 6403-1000
팩스 : 02) 6338-1001
E-mail : hakjaone@daum.net
등록 : 2011년 3월 24일 제2011-14호

ISBN 979-11-6247-387-0 93810
값 30,000원

국역 담교당강수집 澹交堂講修集

윤국형尹國馨 · 우벽禹璧 외 97인 지음
윤재환 옮김 / 윤경환 엮음

파평윤씨 서산종중 화수회
파평윤씨 판서공(휘 세징)파 종중 기획

학자원

국역 담교당강수집澹交堂講修集 발간 축사

국역 담교당강수집澹交堂講修集의 발간을 축하합니다.

담교당강수집은 공조판서를 지내시고 증 영의정을 받으신 파평윤씨 21세손이시며 호가 달촌達村이라 달촌공으로 불리는 윤국형尹國馨 님과 그 후손들의 행적과 시를 모아 해석한 책으로 서산종중 대표로서 평생을 선영하에 살면서 훌륭하신 조상님들을 모시고 있다는 사실에 무한한 자부심과 긍지를 갖게 합니다.

잊혀져가는 400여 년 전 조상님들의 행적과 생생한 삶의 기록을 담은 요즘 사람들은 이해 불가한 어려운 시를 해석하여 한 권의 책으로 발간하여 후손들에게 전해 줌으로서 조상숭배와 조상님을 바로 알 수 있는 아주 귀중한 자료가 될 것입니다.

국역 담교당강수집澹交堂講修集이 발간되기까지 열정을 갖고 많은 수고를 아끼지 않으신 우리 서산종중의 소종중으로 23세 윤세징 님을 시조로 모시는 "파평윤씨 판서공(휘 세징)파 종중"의 윤경환 회장님과 이 책의 번역을 총괄하고 해제를 작성해 주신 단국대학교 국문과의 윤재환 교수님 등 모든 관계자 여러분의 노고에 진심으로 감사드립니다.

2025년 11월

파평윤씨 서산종중 화수회

이사장 윤희구

국역 담교당강수집澹交堂講修集 서문序文

국역 담교당강수집澹交堂講修集의 발간을 진심으로 축하드립니다.

담교澹交란 여러 문헌에 게재된 바와 같이 "맑기가 물과 같다는 담박한 군자의 사귐 또는 교제"라는 뜻으로 알려져 있다. 그와 같은 뜻을 지닌 담교당澹交堂의 위치는 평안도 순안 근처로 알려져 있다. 임진왜란으로 선조 임금께서 몽진蒙塵하여 정주定州를 거쳐 영유永柔 이화정에 행재소를 차리고 4개월 머물렀으니, 당시에 파평윤씨 21세이신 달촌공達村公 윤국형尹國馨님은 삭탈관직되어 백의종군으로 임금님 행차를 따라 정주를 거쳐 영유에 이르렀을 당시 그 지역에 사시던 선비인 우벽禹璧님의 선처로 공은 4개월의 빈주賓主가 되어 융숭한 대접을 받으시며 담교澹交가 시작되어 그 뒤에 달촌공達村公의 후손들이 그 지방의 수령이나 방백으로 나가면 우벽 님의 호를 따서 이름을 지은 담교당으로 알려진 우씨의 집을 찾아서 우벽님의 후손들과 함께 선조들의 시문을 차운하고 교유하였다. 차운한 시문들을 수집하여 1914년에 파평 윤씨 33세 윤익모尹益模 님과 마지막 서문을 쓰신 우양섭禹良燮 님의 주도적인 역할로 한문 목판본으로 발간하였는데, 조금 늦었지만 우리 종중에서 이 강수집의 국역본을 발간하며 서문을 남길 수 있게 되어 35세 불초 일기一基가 달촌선조達村先祖 판서공 휘諱 국형國馨의 14대 직계 종손으로 감개무량함을 금할 수 없습니다.

달촌공은 가정 22년(1543, 명종 38) 출생하셨고, 일찍 어머님을 잃고 외조모 류씨의 양육을 받았고 하늘이 낳은 영재로서 학문을 번거로이 하지 않아 일찍 사詞와 부賦를 지었다고 알려졌다. 즉, 우복愚伏 정경세 선생의 신도비명이나 지봉芝峰 이수광 선생의 묘지명에 의하면 9세에 능히 사부詞賦를 지었다고 하니 가히 천재이셨음을 알 수 있다. 그리고 기록에 의하면 달촌공이 18세에 조수(趙琇, 달촌공의 장인)님을 따라 순안 임소 동편에 소재한 조계사에서 공부하여 평안도 지리를 잘 알게 되었다고 한다. 달촌공은 융경隆慶 무진년(1568, 선조

1)에 25세의 나이로 별시문과에 합격하신 후 승승장구하셨다. 이후 외직으로 나가기를 원하여 기축년(1589) 상주목사를 특별히 제수받았고, 신묘년(1591)에 이르러 임기만료 후 충청도 관찰사를 배수하고 다음 해인 임진년(1592)에 왜구가 크게 침범하여 길에서 왜적을 만나 전투를 하였으나 패퇴하여 그 패배가 죄가 되어 관직을 파직당하였다. 백의종군으로 어가의 몽진을 따라 평안도 정주에 이르니 임금께서 불러 말씀하시기를 "전쟁이 치열한데 군신이 만나니 그 감회가 어떠하겠는가?"라고 하셨다. 또, 어가가 영유의 이화정으로 옮기니 전일 소싯적에 순안에서 공부하던 때에 지내던 인근지역이라 옛날에 서로 만났던 우벽禹璧님을 만나게 되었다. 옛정이 있어 반갑게 대해주는지라 기숙으로 같이 거처하며 백여 일이 되었는데 모친이 병환이 나셨다는 소식을 듣고 고향으로 달려감에 서로 작별할 때에 칠언율시 하나를 지어 우공禹公에게 주었는데, 그 의미가 깊은 차운시의 시초가 되는 시는 번역되어 이 책에 실려있다. 우공은 이 시를 받아 자신의 집 벽에 걸고 보옥寶玉처럼 소중히 여겼다고 한다. 30년이 지나 갑자년(1624)에 파평윤씨 22세 월담공月潭公 윤의립尹毅立 님이 원접사로 관서지방에 오서서 선친의 우의를 생각하여 우씨문

중을 찾아 선친운에 차운하셨고, 이후 30년 후인 갑오년(1654)에 월담공의 아드님이신 윤세헌尹世獻)님이 인근 마을 세 고을의 수령이 된 후 무술년(1658)에 우씨 집을 찾아 차운하였고 서문도 같이 남겼다. 한편, 신해년(1671)에는 24세 윤이익尹以益이 개천군수价川郡守로 방문하여 차운하였다.

이후 기사년(1689) 늦은 봄에 윤이익의 아우이신 삼재공三宰公이라 불리는 윤이제尹以濟 님이 평안도 관찰사로 근무하시면서 각주를 순시하시던 중 우공의 증손자인 우천여禹天與의 집에 방문하시어 관기들로 하여금 시가 새겨진 목판의 먼지를 제거하게 하니 독자들의 앙모仰慕하는 마음을 더하게 되었다고 한다. 또 얼마간 시일이 경과한 후 자금을 내어 우공에게 주고 당堂을 건축하게 하였으며, 현판을 담교당澹交堂으로 하고 시를 새겨 다섯 개의 목판을 순서대로 걸고 무궁하게 전승하기를 앙망하였다고 한다.

지난 갑인년(1914) 정월에 우리 파평윤씨 33세 윤익모尹益模님이 토지조사국 전야검의 직책으로 순안에 부임하여 추도楸島의 주인 우씨 일가를 방문하고 담교당澹交堂에 오르니 우여곡절을 겪었지만 선대의 유적이 옛날같이 그대로 게시되어있음을 확인하였다고 한다.

윗글의 대략은 갑인년(1914)에 학무위원이신 윤홍순尹弘淳님이 찬撰한 기실記實을 일부 인용하였으니 황공함이 이를 데가 없다.

안타까운 것은 지난 경인년(1950) 6·25 전쟁으로 남북이 분단되어 내왕이 두절되었으니 현재 담교당의 존재 여부는 확인할 길이 없다는 사실입니다. 그래도 주옥같은 시와 문장이 "한국학중앙연구원"에 존재하여 강수집의 국역본을 발간할 수 있는 기회를 마련하였으니 무한한 감사와 경의를 표하며 두서없이 서문을 마칩니다.

마지막으로 담교당강수집 국역본이 발간되기까지 수고를 아끼지 않으신 우리 종원 여러분과 번역에 힘써주신 관계자 여러분께 진심으로 감사드립니다.

2025년 11월

달촌공(達村公) 윤국형(尹國馨)의 14대 종손

윤일기 근서(尹一基 謹序)

국역 담교당강수집澹交堂講修集 발간사

"파평윤씨 서산종중 화수회"에서는 매년 음력 시월 초이틀에 후손들이 모여 선조님들의 시제를 지내오고 있다. 시제를 모시는 선조님들 중 공조판서를 지내시고 영의정으로 추증되신 파평윤씨 21세 달촌공 윤국형(尹國馨: 1543~1611)님과 그 12대 후손까지의 차운시가 실려 있는 담교당강수집(澹交堂講修集)의 존재를 알게 된 것은 우연이었다.

위의 "파평윤씨 서산종중 화수회"의 소종중으로 윤국형님의 첫째 아드님이신 경립의 둘째 아들로 태어나 넷째 아드님이신 예립에 입계하신 23세 윤세징(부록 1 참조) 님을 시조로 모시고 있는 종중으로 경기도 포천시 군내면 용정리에 소재하며 본인이 회장으로 있는 "파평윤씨 판서공(휘 세징)파 종중"에서는 작년인 2024년 여름부터 입향조인 윤세징 님 이하

다섯 기의 묘로 구성된 소종중의 큰산소 묘역의 보전을 위해 애쓰고 있었다. 특히, 현재 큰산소의 위치가 산업단지에 근접하여 이 묘역을 유형 향토유산으로 지정받는 것이 좋겠다고 하여 큰 벼슬을 많이 하셔서 삼재공이라 불리는 세징 님의 둘째 아들 윤이제 님의 묘역과 석물을 중점으로 자료들을 모으는 작업이 진행되고 있었다.

족보들 외에는 우리 종중에 남아 있는 기록들이 많지 않아 인터넷을 통해서도 최대한 조상님들에 관한 자료들을 찾아서 정리하던 과정 중에 "윤이제"라는 키워드를 치고 검색 중에 "담교당강수집"에 관한 자료가 나왔다. 한국학중앙연구원의 장서각에서 목판본을 보관하고 있었으며 바로 PDF 파일로 다운로드할 수 있었다. 이는 달촌공 윤국형님이 충청도 관찰사로 근무하시던 중 1592년 임진왜란이 발생한 직후 패퇴하여 이듬해인 1593년에 평안도 순안에 계시는 우벽 님 댁을 30년 만에 찾아가셔서 약 100일간 신세를 지고 떠나시면서 "담교당운"이라는 7언율시 형태의 원운시를 남기셨고, 이후 달촌공의 후손인 파평윤씨와 우벽의 후손들이 찾아와 위의 시에 차운한 99수의 차운시가 실려있는 아주 뜻깊은 문집이라는 사실을 알게 되었다. 이후 윤의립(22세), 윤세헌(23세),

윤이익(24세) 세 분이 방문하여 차운시를 남겼으나 교류가 활발하지는 않았는데, 약 100년 후인 1689년에 24세 윤이제 님이 평안도 관찰사로 근무하실 때 방문하셔서 자신의 녹봉을 내어 담교당이라는 당을 세우시고 이름도 지으셨으며 제영을 내걸고 자신의 시까지 다섯 분의 시의 판각본을 잘 보관하게 시킨 후 앞으로 윤씨와 우씨 후손들이 많이 찾아와 차운시를 남기면서 교우할 것을 당부하셨다는 사실이 기록되어 있었다. 이와 같은 조상님의 뜻을 받들어 주로 서울 및 경기도 양주와 포천에 사시던 우리 파평윤씨의 후손들이 평안도 순안까지 찾아가서 차운시를 남겼고 주로 그 지방에 기거하시던 많은 우씨 후손들이 환영하는 의미에서 차운시를 같이 남기셨다는 점에서 "담교당강수집"은 양쪽 집안에 아주 큰 의미가 있다고 생각하게 되었다.

"담교당강수집"의 존재가 파악된 직후 우선 본인과 같이 단국대학교 일문과에 근무하시던 선배님이신 정형 교수님께 자문을 구하였다. 이후 국문과에 근무하는 윤재환 교수님을 소개해 주셔서 이 책을 번역하여 발간할 정도로 의미가 있는지에 대해 문의 후 아주 긍정적인 답변을 듣게 되었다.

다음 단계로 담교당강수집의 존재와 가치에 대해 서산종

중 화수회와 우리 종중에 보고하였고, 양측 종중의 회의에서 만장일치로 번역, 발간 및 재정적인 지원에 동의해 주셨기에 윤희구 이사장님 이하 모든 종원들께 다시 한번 감사를 드립니다.

이 책의 말미에 독자들의 이해를 돕기 위하여 파평윤씨 전체에서 "판도공후부윤공파"에 속하는 달촌공 윤국형님의 위치를 알 수 있도록 〈부록 1〉을 첨부했다. 〈부록 2〉에는 차운시의 파평윤씨 저자들이 달촌공의 아드님이신 경립, 의립, 정립, 예립 중 어느 분의 직계 후손인지와 일부 참고 사항을 포함하여 표로 만들어 보여드렸고, 마지막으로 〈부록 3〉에는 이 책에 실린 첫 차운시의 저자이신 윤국형 님, 첫 서문을 쓰신 이송심 님 등 현재 파악할 수 있는 12분의 저자들에 대한 이력 사항을 정리해서 올렸다.

출판 과정에서 항상 격려를 아끼지 않으신 달촌공의 직계 종손이신 35세 윤일기 님, 귀중한 자료를 제공해 주신 윤의립 님의 직계 종손이신 35세 윤명구 님, 항시 종사와 관련된 중요한 자료를 아낌없이 제공해 주신 서산종중 화수회의 윤철구 감사님, 저와 같이 면밀하게 번역 작업 중인 원고를 살펴주신 윤용봉 이사님과 몇 차례 이사회에서 번역된 원고를 장시간에 걸쳐 같이 검토해 주신 우리 종중의 임원들인 윤재구, 윤홍구, 윤경구, 윤영구, 윤병권, 윤병운 님 모두에게 고마움을 전합니다.

마지막으로 시간에 맞추어 번역과 출간에 애써주신 윤재환 교수님을 대표로 한 한국고전문학텍스트연구소의 여러분들과 학자원출판사 여러분들께도 그 노고에 무한한 감사의 인사를 전합니다.

2025년 11월

파평윤씨 판서공(휘 세징)파 종중

회장 윤경환 삼가 씀

일러두기

1. 이 책의 번역 대본은 한국학중앙연구원 장서각 소장 『담교당 강수집(澹交堂講修集)』이다.
2. 이 책에서 산문은 번역, 원문의 순서로, 시는 원문, 번역의 순으로 구성하였다.
3. 원문에는 한자의 음을 병기하여 읽기 편하도록 하였는데, 산문은 원문의 아래에 한자음을, 시는 원문의 옆에 한자음을 병기하였다.
4. 번역문은 원문을 현대 국어로 옮긴 것이다. 가독성과 이해를 돕기 위해 주석은 최대한 자세하게 달되 앞에서 나온 주석은 생략하여 가독성을 높이고자 하였다. 또 한글을 우선으로 하여 반드시 필요한 부분에는 ( ) 속에 한자를 병기하였으며, 원문에는 없지만 내용의 이해를 위해 필요하다고 생각되는 부분은 번역문에 첨가하여 번역하였다.
5. 시의 번역은 이해를 돕기 위해 직역보다 의역하고, 번역문의 리듬감을 살리기 위해 노력하였다.

6. 원문은 번역 대본을 옮긴 것으로, 이해하기 어려운 속자와 간자, 이체자는 해서체 정자로 바꾸었고, 이해를 돕기 위해 권점을 사용하여 띄어쓰기를 하였다.
7. 일러두기에 밝히지 않은 내용은 관례를 따랐다.

차례

부록

담교당강수집澹交堂講修集 해제

윤재환

단국대학교 국어국문학과 교수

『담교당강수집(澹交堂講修集)』은 달촌(達村) 윤국형(尹國馨)과 담교당(澹交堂) 우벽(禹璧)의 후손들이 윤국형과 우벽의 시에 차운한 시를 모아 엮은 책이다. 한국학중앙연구원 장서각에 소장된 1책 44장본(청구기호: K4-80/MF16-342)으로, 사주단변(四周單邊)이며 반곽(半郭)이 18.8 cm×13.2 ㎝이고, 계선(界線)이 있으며 반엽(半葉)이 8행 16자이고, 주(註)가 쌍행(雙行)이며 내향일엽화문어미(內向一葉花紋魚尾)의 선장(線裝) 목활자본(木活字本)이다. 현재까지 한국학중앙연구원 장서각 소장본 이외의 다른 책이 보고되지 않았다는 점에서 이 책이 유일본이다.

원시(原詩)에 차운(次韻)하여 시를 짓는 것은 한시 창작의 일반적인 방법 중 하나이고, 차운시를 모아 시축(詩軸)이나 시집(詩集)을 만드는 것도 흔히 볼 수 있는 것이다. 그런 점에서 『담교당강수집』의 편찬이나 간행을 특별한 일이 아니라고 할 수 있다. 그러나 『담교당강수집』을 살펴보면 일반적인 차운 시집에서 보기 어려운 특이한 모습을 확인할 수 있다. 첫 번째는 차운시의 작자이다. 대부분의 차운시는 학습이나 친교를 위해 창작된다. 따라서 차운시의 경우 제자나 문하생 또는 동료나 후배·후손들에 의해 창작되는 것이 일반적이다. 그런데 『담교당강수집』에 수록된 차운시의 작자는 윤국형과 우벽을 시작으로 이어지는 이 두 집안의 후손들이다. 두 집안의 후손들이 선조의 교분을 천양(闡揚)하기 위해 대를 이어 차운시를 짓고 그 시들을 모아 시집을 간행한 경우는 아직까지 『담교당강수집』 이외에는 확인되지 않는다.

두 번째는 시집의 제목이다. 원시를 앞에 두고 차운시를 이어가는 차운 시집의 경우 대부분 시집의 제목으로 창화집(唱和集), 수창집(酬唱集) 또는 창수집(唱酬集)이라는 용어를 사용한다. 이 중에서도 조선시대에는 창수집이라는 용어를 더 많이 사용했는데, 이는 주자(朱子)가 제자인 임용중(林用中), 친구인 남헌(南軒) 장식(張栻)과 남악(南嶽)을 유람하면서 주고받은 시를 명(明)나라 때 등회(鄧淮)가 모아 편찬한 『남악창수집(南岳唱酬集)』이 조선시대 우리나라에 유행했기 때문이다. 물론 고려시대에 『용루창화집(龍樓唱和集)』이나 『예종창화집(睿宗唱和集)』이라는 책이 있었다는 기록이 있고, 김상헌(金尙憲)과 조한영(曺

漢英)이 화답한 시를 모아 엮은 시집을 『설교수창집(雪窖酬唱集)』이라고 한 것으로 볼 때 차운 시집의 명칭을 하나로 규정하기는 어렵지만, 대부분의 차운 시집은 이 세 명칭 중 하나를 사용한다. 이는 시나 노래 따위를 한쪽에서 부르고 다른 쪽에서 화답한다는 의미의 창화나 시나 노래를 주고받으며 읊는다는 의미의 수창 또는 창수가 차운을 의미하기 때문이다. 그런데 『담교당강수집』은 학문 등을 연구하여 몸과 마음을 닦는다는 의미의 강수(講修)라는 용어를 사용했는데, 이는 선조에 대한 후손들의 존경심을 담기 위한 것이라 보인다.

이렇게 본다면 『담교당강수집』은 선조의 시에 차운한 후손들의 시를 모았다는 점에서 일반적인 차운 시집과 같은 모습을 보이지만, 누대에 걸친 두 집안 후손들의 차운시를 모았다는 점과 선조의 덕을 드러내고자 한다는 의도를 제목에 명시했다는 점에서 일반적인 차운 시집과는 변별되는 부분을 가진다.

『담교당강수집』의 마지막에 있는 간기(刊記)에 따르면 『담교당강수집』은 1914년 간행되었다고 보이는데, 1792년 이송심(李松心)이 쓴 서문과 1914년 윤상현(尹商鉉)이 쓴 서문, 그리고 1914년 윤홍순(尹弘淳)이 쓴 기실(記實)과 윤세헌(尹世獻)·윤익모(尹益模)의 기록을 바탕으로 간행의 과정을 정리해 보면 대략 다음과 같다.

윤국형은 1592년(선조 25) 8월 충청도 관찰사로 왜구와 맞서 싸웠으나 용인전투에서 패배하여 관직이 삭탈되었다. 그러나 1593년 봄 윤국형은 벼슬이 없는 상황에서도 왜구를 피해 몽진(蒙塵)을 떠난 선조가 있는 영유(永柔)의 행궁(行宮)으로 갔다. 당시 선조는 청계관(淸溪館)을 거쳐 이화정(梨花亭)에서 머물렀는데, 이때 윤국형은 관직이 없었기 때문에 선조의 행궁에 머물 수 없었다.

이 시기 윤국형은 순안(順安) 지역의 선비 우벽(禹璧)을 만나게 되었다. 윤국형은 18세 무렵인 1560년 장인 조수(趙琇)를 따라 그의 임지(任地) 순안(順安)에 갔었고, 그곳의 조계사(曹溪寺)에서 글을 읽어 주변의 선비들에게 많은 영향을 미쳤는데, 그 인연으로 우벽은 윤국형을 자신의 거처가 있는 평안남도 평원군 자덕면 송매동의 추도(楸島)로 초빙(招聘)하여 약 4개월을 극진하게 모셨다. 당시 윤국형은 몹시 곤궁한 처지였는데, 우벽의 거처가 편리하였을 뿐만 아니라 행궁과 가까웠으며 우벽이 융숭하게 대접하여 그곳에서 백여 일을 머물다가 어머니의 병환을 돌보기 위해 영남 의성(義城)으로 가게 되었다. 헤어질 때 윤국형이 우벽에게 시 한 수를 써 주었는데, 우벽은 이 시에 차운하여 시를 지었다. 이때 윤국형이 우벽에게 써 준 시가 『담교당강수집』의 원운시(原韻詩)이다.

윤국형과 우벽의 만남이 있었던 1593년에서 약 30년이 지난 1624년 윤국형의 둘째 아들인 월담(月潭) 윤의립(尹毅立)이 원접사(遠接使)가 되어 이곳을 지나다가 부친의 일을 기억하고 우씨를 찾아가 부친의 시에 차운(次韻)하여 시를 지었고, 다시 30년이 지난 1654년에 윤의립의 큰아들인 윤세헌(尹世獻)이 추도의 인근 고을 수령이 되어 이곳을 찾아가 차운시를 짓고 서문을 썼다.

윤세헌이 차운시를 지은 약 18년 뒤인 1671년에 윤이익(尹以益)이 개천(价川)의 수령이 되어 다시 이곳을 찾아 차운시를 지었으며, 이로부터 또 18년 정도가 지난 1689년에 윤이제(尹以濟)가 평안도 관찰사가 되어 이곳을 찾아 우벽의 후손인 우천여(禹天與)의 집에 머물면서 차운시를 짓고 이전 4대 선조들의 시를 정비하였다. 또 윤이제는 시간이 지나면서 선조들의 유적이 사라질까 두려워 자금을 내어 우천여에게 주고 당(堂)을 세우게 한 뒤에 담교(澹交)라고 현판을 달았으며, 자신과 이전 4대 선조들의 시를 판각하여 당에 걸었다.

이후 시간이 지나면서 담교당이 조금씩 허물어졌는데, 1725년에 우세규(禹世規)가 그의 문중 사람들과 논의하여 세월이 지나 허물어진 당을 새로 세웠으나 1789년 겨울에 화재가 일어나

당과 현판이 모두 불에 타버렸다. 그 뒤 우세규의 아들 우처하(禹處夏)와 우종하(禹宗夏)가 1791년 봄 문중 사람들과 함께 타버린 당을 중축하고 규모를 넓혀 새롭게 지었고 선조들의 시를 판각하여 다시 걸었으며, 이듬해인 1792년 우처하의 아들 우태언(禹台彦)과 우태주(禹台周) 형제가 이송심(李松心)에게 담교당 중신(重新) 기문(記文)을 청해 걸었다.

이후 오랜 시간이 지난 1914년 윤익모(尹益模)가 이곳을 지나다가 송매촌(松梅村)에 있는 우씨의 자손을 방문하여 당과 현판이 잘 보존되고 있는 것을 알게 되었다. 이에 두 집안 선조의 시를 영원히 보존하고 이전의 우호를 돈독히 하려는 계획을 세워 두 집안 선조의 시를 널리 수집하여 이를 『담교당강수집(澹交堂講修集)』으로 간행하였다.

이렇게 보면 『담교당강수집』은 1593년 윤국형과 우벽의 만남 이후 대략 320여 년이 지난 뒤 후손에 의해 편찬·간행된 것으로 두 집안의 대를 이은 우의(友誼)와 교분을 확인할 수 있게 해 주는 자료가 된다.

『담교당강수집』은 1792년 이송심과 1914년 윤상현(尹商鉉)이 쓴 「담교당강수집서(澹交堂講修集序)」 그리고 1914년 윤홍순(尹弘淳)이 쓴 「기실(記實)」을 가장 앞에 두고 다음으로 윤국형이 1560년 장인 조수(趙琇)를 따라 순안(順安)에 갔을 때 지은 두 수의 시와 순안을 두고 쓴 한 수의 시를 실은 뒤, 윤국형의 〈담교당운(澹交堂韻)〉을 시작으로 99편의 시를 두고 마지막으로 1914년 우양섭(禹良燮)이 쓴 「담교당서(澹交堂序)」를 싣고 있다. 이와 같은 『담교당강수집』의 시문 수록 순서를 표로 간단하게 정리하면 다음과 같다.

「담교당강수집서澹交堂講修集序」
1792년 통훈대부通訓大夫 전 행금교도行金郊道 찰방察訪 이송심李松心

「담교당강수집서(澹交堂講修集序)」
1914년 전 문묘직원(文廟直員) 윤상현(尹商鉉)

「기실(記實)」 / 1914년 학무위원(學務委員) 윤홍순(尹弘淳)

〈달촌공증순안조계사승(達村公贈順安直溪寺僧)〉 2수 / 윤국형(尹國馨)

〈순안다구상식(順安多舊相識)〉 1수 / 윤국형(尹國馨)

1	1593년 달촌(達村) 윤국형(尹國馨)	2	1593년 담교당(澹交堂) 우벽(禹璧)	1번 시가 원운시인 윤국형의 〈담교당운(澹交堂韻)〉임
3	1624년 월담(月潭) 윤의립(尹毅立)	4	1624년 송운(松韵) 우대륜(禹大倫)	
5	1658년 윤세헌(尹世獻)			시의 앞에 서문이 있음
6	1671년 개천군수(价川郡守) 윤이익(尹以益)			
7	1689년 평안도관찰사(平安道觀察使) 윤이제(尹以濟)	8	우태언(禹台彦)	

9	윤응한(尹應漢)	10	우종요(禹宗堯)	
		11	전 찰방(察訪) 이송심(李松心)	11번의 이송심은 앞의 서문도 작성하였음
		12	우신휘(禹頣彙)	
		13	우종휘(禹宗彙)	
		14	이석조(李碩祚)	미상. 두 집안과의 관계가 확인되지 않음
		15	우창모(禹昌謨)	
		16	우규해(禹圭海)	
		17	양여(楊鷿)	미상. 두 집안과의 관계가 확인되지 않음
		18	박윤일(朴潤日)	미상. 두 집안과의 관계가 확인되지 않음
19	전 주사(主事) 윤승규(尹承圭)	20	창주(滄洲) 우영기(禹永冀)	
21	윤증규(尹曾圭)	22	우재연(禹在淵)	
23	전 관찰사(觀察使) 윤철규(尹喆圭)	24	우영승(禹永升)	
25	전 교원(教員) 윤정규(尹貞圭)	26	전 주사(主事) 우경조(禹敬祚)	
27	전 직원(直員) 윤상현(尹商鉉)	28	우홍섭(禹興燮)	27번의 윤상현은 앞의 서문도 작성하였음
		29	전 주사(主事) 우영관(禹永觀)	
30	정삼품(正三品) 전 판사(判事) 윤경규(尹庚圭)			
31	전 주사(主事) 윤병현(尹炳鉉)	32	추포(秋圃) 우영익(禹永翼)	
33	전 판사(判事) 윤방현(尹邦鉉)	34	우원섭(禹元燮)	
35	전 참위(參尉) 윤수현(尹壽鉉)	36	우영하(禹永夏)	
37	윤일순(尹一淳)	38	보인헌(輔仁軒) 우영묵(禹永默)	
39	위원(委員) 윤홍순(尹弘淳)	40	죽헌(竹軒) 우윤섭(禹允燮)	39번의 윤홍순은 앞의 기실도 작성하였음
41	교원(教員) 윤흥순(尹興淳)	42	용문(龍門) 우양섭(禹良燮)	42번의 우양섭은 마지막의 서도 작성하였음

43	윤장순(尹璋淳)	44	우영대(禹永戴)	
45	윤성모(尹聖模)	46	우인칙(禹仁則)	
47	1914년 토지조사국(土地調査局) 서기(書記) 윤익모(尹益模)	48	우진구(禹晉九)	47번은 시의 앞에 서문이 있으며, 47번의 윤익모가 『담교당강수집』의 간행을 주창하였음
49	윤성모(尹聲模)	50	우긍섭(禹兢燮)	
		51	토지조사국(土地調査局) 기수(技手) 우도섭(禹道燮)	
		52	전 주사(主事) 우필선(禹弼善)	
		53	우영갑(禹永甲)	제2구의 6번째 글자가 누락됨
		54	우원선(禹元善)	
		55	우제칙(禹濟則)	원운시와 달리 5언율시로 지었음
		56	우용구(禹龍九)	
		57	우성걸(禹聖杰)	
		58	우영복(禹永復)	
		59	우대섭(禹戴燮)	원운시와 달리 5언율시로 지었음
		60	우덕현(禹德鉉)	
		61	우봉선(禹鳳善)	원운시와 달리 6언 8구로 지었음
		62	우병간(禹秉玕)	
		63	우병롱(禹秉瓏)	
		64	우병기(禹秉琪)	
		65	우선호(禹善浩)	
		66	우재순(禹再淳)	
		67	우인선(禹麟善)	
		68	전 감찰(監察) 우진태(禹晉泰)	

		69	우영저(禹永著)	
		70	우영긍(禹永肯)	
		71	우영주(禹永胄)	
		72	우경칙(禹敬則)	
		73	우회선(禹晦善)	
		74	우영걸(禹永杰)	원운시와 달리 5언율시로 지었음
		75	우홍섭(禹弘燮)	
		76	우기변(禹箕變)	
		77	우창일(禹昌一)	
		78	우진관(禹晉觀)	
		79	우명선(禹明善)	
		80	전 주사(主事) 우신칙(禹信則)	
		81	우태섭(禹泰燮)	
		82	우영해(禹永海)	
		83	우치홍(禹致弘)	
		84	우치하(禹致夏)	
		85	우익현(禹益賢)	
		86	농은(農隱) 우내선(禹乃善)	
		87	우병철(禹秉喆)	
		88	우영규(禹永奎)	
		89	우승학(禹昇鶴)	
		90	우용주(禹龍珠)	
		91	우용진(禹龍鎭)	
		92	우용섭(禹用燮)	
		93	우용하(禹龍河)	

		94	우병전(禹秉典)	
		95	우찬섭(禹瓚燮)	
		96	우영선(禹永善)	
		97	토지조사국(土地調査局) 기수(技手) 우대윤(禹大潤)	원운시와 달리 고시 장단구로 지었음
		98	우석민(禹錫珉)	
		99	우영풍(禹永豐)	
「담교당서澹交堂序」/1914년 용문(龍門) 우양섭(禹良燮)				

이 표를 보면 『담교당강수집』에 수록된 윤국형의 〈담교당운(澹交堂韻)〉과 그 차운시가 모두 99수인데, 이 중 윤국형과 그의 후손들이 지은 시가 모두 22수, 우벽과 그의 후손들이 지은 시가 모두 73수, 두 집안의 후손 이외의 인물이 지은 시가 4수라는 것을 알 수 있다. 두 집안의 후손 이외의 인물 네 사람은 전 찰방(察訪) 이송심(李松心)과 이석조(李碩祚), 양여(楊鸒), 박윤일(朴潤日)인데, 이 중에서 두 집안과의 관계를 확인할 수 있는 인물은 이송심이 유일하다.

이송심은 서문에서 자신이 공의 집에 살면서 몇 년을 공부했다고 했는데, 이송심에 관한 기록이 명확하지는 않지만, 『문과방목(文科榜目)』에 따르면 이송심은 순안 출신으로 1738년 무오년(戊午年)에 태어났으며 1765년(영조 41) 식년시(式年試)

병과(丙科)에 합격했고, 자는 군옥(君玉)이며 부친은 이성악(李星岳)이고 외조부는 용성(龍城) 출신의 차만리(車萬里)라고 한다. 『문과방목』의 기록과 이송심의 서문으로 보면 이송심은 우세규의 집에서 머물며 그에게 수학한 인물이었다고 생각된다. 이송심 이외의 세 사람에 대해서는 확인할 수 있는 자료가 보이지 않는다.

이렇게 보면 『담교당강수집』은 우벽의 후손을 중심으로 한 차운 시집이라고 할 수 있지만, 그렇게만 보기는 어렵다. 그 이유는 첫째는 원시의 작자이다. 『담교당강수집』에 대해 윤국형과 우벽의 후손들이 윤국형과 우벽의 시에 차운한 시를 모아 엮은 책이라고 하지만, 우벽의 시 역시 윤국형의 시에 차운한 것이다. 즉 윤국형이 우벽의 거처를 떠나면서 써 준 시에 차운한 시가 우벽의 시이기 때문에 『담교당강수집』에 수록된 차운시의 원시는 윤국형이 지은 〈담교당운〉뿐이다. 그렇기 때문에 『담교당강수집』은 윤국형과 우벽의 후손들이 윤국형의 시에 차운한 시를 모아 엮은 책이라고 해야 한다.

둘째는 담교당이라는 건물의 설립과 『담교당강수집』의 편찬 및 간행의 주체이다. 『담교당강수집』의 기록을 보면 최초 윤국형이 우벽의 거처에 몸을 의탁했을 때 담교당(澹交堂)이라는 건물이 있었다고 생각된다. 이는 우벽이 자신의 아호(雅號)를 담교당이라고 한 것에서 추정할 수 있다. 하지만 이 담교당이 독립된 건물을 의미하는 것인지는 분명하지 않고, 또 독립된 건물이었다고 하더라도 후대로 내려오면서 온전히 보존되지 못했던 것으로 보인다. 그렇기 때문에 1689년 평안도 관찰사로 이 지역을 방문했던 윤이제가 비용을 충당하여 담교당을 건립하도록 한 것이라 추정된다.

즉 담교당이라는 독립된 건물이 없었다면 윤이제에 와서 담교당이라는 새로운 건물을 세운 것이고, 그렇지 않다면 윤이제에 와서 허물어진 건물을 다시 세운 것인데, 기록으로 보면 독립된 건물이 없었던 것이 아닌가 생각된다. 따라서 담교당이라는 당의 건립이나 중건(重建)의 주체는 윤이제가 된다. 물론 우벽의 후손들도 담교당의 보존에 상당한 노력을 했다. 1725년 우세규가 담교당을 새로 세웠고 1789년의 화재 이후 1791년에 우벽의 후손들이 불타버린 담교당을 중건하고 이송심의 기문을 받기도 했다. 이 기문이 『담교당강수집』의 서문으로 들어가 있는 이송심의 글이다.

하지만 이 시기까지도 『담교당강수집』이라는 차운 시집의 간행에 대해서는 생각하지 못했다. 『담교당강수집』의 편찬과 간행이 이루어진 시기는 이로부터 오랜 시간이 흐른 뒤인 1914년 윤익모가 이곳을 지나다가 우벽의 후손을 방문하고 난 뒤이다. 즉 윤익모가 담교당을 들러 담교당의 존재와 선조의 시문을 확인하지 않았다면 『담교당강수집』의 편찬과 간행은 이루어지지 않았을 것이다. 그렇다면 담교당의 건립과 『담교당강수집』의 간행은 윤국형의 후손에 의해 시작되고 주도된 것이라고 볼 수 있다.

그러나 그렇다고 하더라도 『담교당강수집』에 우벽 후손들의 시가 월등하게 많이 수록되어 있다는 것은 분명한 사실인데, 이렇게 된 것은 거주지로 인해 일어난 현상이라 보인다. 『담교당강수집』의 기록과 수록된 시를 보면 윤국형의 후손들은 대대로 서울과 경기도 양주 및 포천에 거주했다고 보인다. 그렇기 때문에 이들이 평안남도 평원군의 추도에 있는 담교당을 찾기는 쉽지 않았을 것이고, 윤국형의 시에 차운시를 남기기 어려웠을 것이기 때문에 자연스럽게 주변에 거주하고 있었던 우벽 후손들의 시가 더 많이 수록될 수밖에 없었을 것이다.

『담교당강수집』에 차운시를 남긴 윤국형의 후손들은 대부분 직책을 명기하고 있다. 전체 22명 중에서 16명에 대해 직책과 이름을 같이 기록한 것은 윤국형의 후손들이 『담교당강수집』을 편찬・간행할 당시까지도 적지 않은 위상을 지니고 있었음을 보여주는 것이다. 그러나 이와 달리 『담교당강수집』에 작자로 이름을 올린 우벽의 후손 중에서 생애나 이력을 확인할 수 있는 사람을 찾기 어렵다. 또 우벽을 포함하여 전체 73명 중에서 직책을 같이 기록한 사람은 7명에 불과하고, 이들의 직책도 대부분 주사(主事)와 기수(技手)와 같은 실무 담당관이다. 이런 사실은 당시 우벽의 후손들이 평안도 지역의 유력한 가문으로 자리 잡고 있었지만, 그 활동 무대를 중앙으로까지 확장하지 못했음을 의미하는 것이다.

그런 점에서 『담교당강수집』에 우벽 후손의 시가 더 많이 수록되어 있지만, 『담교당강수집』이 우벽의 후손을 중심으로 편찬・간행되었다고 하기는 어렵다. 그것보다는 윤국형과 우벽의 후손들이 함께 힘을 모아 선조를 추모하고 두 집안의 대를 이은 교분과 우의를 천양하기 위해 편찬・간행했다고 보는 것이 타당하다.

『담교당강수집』에 수록된 시는 형식과 내용에서 유사한 양상을 보인다. 이는 『담교당강수집』에 수록된 시들이 윤국형의 시를 원시로 하여 차운한 시이고, 윤국형의 원시가 임진왜란 당시의 심경과 우벽의 정에 대한 우의(友誼)를 내용으로 하기 때문에 당연한 것이다. 우선 형식면에서 살펴보면 윤국형의 시는 평성 경(庚)자를 운으로 한 7언율시이다. 첫 구에서부터 운자를 사용했기 때문에 수구압운(首句押韻)의 정격(正格)이고, 첫

구의 제2자가 측성 십(十)자여서 측기식(仄起式)이다. 윤국형 시의 운자와 평측을 살펴보면 다음과 같다.

원문 : 三十年前白面**生** / 重來鬚髮雪霜**明**

평측 : 平仄平平仄仄平 / 平平平仄仄平平

운자 : 覃緝先先陌霰**庚** / 冬灰虞月屑陽**庚**

원문 : 魂迷故國雲千里 / 夢近行宮月五**更**

평측 : 平平仄仄平平仄 / 仄仄平平仄仄平

운자 : 元齊遇職文先紙 / 送吻庚東月霰**庚**

원문 : 天將南臨申赫怒 / 地維東轉佇昇**平**

평측 : 平仄平平平仄仄 / 仄平平仄仄平平

운자 : 先漾覃侵眞禡遇 / 寘支東銑語蒸**庚**

원문 : 知吾旅泊應无幾 / 賸語要留舊舘**情**

평측 : 平平仄仄平平仄 / 仄仄平平仄仄平

운자 : 支虞語藥蒸虞尾 / 震語蕭尤有旱**庚**

이 시를 보면 제1구와 2, 4, 6, 8구의 마지막 글자가 운자라는 것을 알 수 있다. 그리고 이 시의 수련(首聯) 2구와 경련(頸聯) 두 구가 평측의 기본 형식(仄仄平平平仄仄 平平仄仄仄平平)에 벗어난 것처럼 보이지만, 이 시가 수련의 첫 구에 운자를 둔 수구압운형이기 때문에 측측평평평측측(仄仄平平平仄仄)이 아니라 측측평평측측평(仄仄平平仄仄平)의 평측 구조가 정격이어서 정격에 어긋난 글자는 수련 첫 구에서는 첫째 글자 하나뿐이고, 둘째 구에서는 셋째 글자 하나뿐이다.

이런 평측 구성은 경련에서도 마찬가지인데, 경련 첫째 구의 첫 글자가 측성이어야 하는데 이 시에서는 평성이고, 둘째 구의 첫째 글자와 셋째 글자는 평측이 뒤바뀌어 있다. 하지만 이런 평측 구성을 잘못된 것이라고 보아서는 곤란하다. 그것은 한시의 평측법에서 예외가 되는 조항의 하나로 첫째, 셋째, 다섯째 글자의 평측은 따지지 않는다[一三五不論]는 규정이 있기 때문이다. 따라서 이 시는 한시의 평측법을 충실히 지킨 시가 된다.

그런데 『담교당강수집』에 수록된 시의 경우 차운시라는 점에서 운자는 모두 따르고 있지만 평측까지는 따르지 않았다. 이것은 『담교당강수집』에 수록된 시뿐만 아니라 대부분이 차운시에서 볼 수 있는 현상인데, 차운시를 창작할 때 평측까지 그대로 따른다는 것은 거의 불가능에 가깝기 때문에 당연한 것이기도 하다.

그렇지만 『담교당강수집』의 차운시는 각 구의 마지막 세 글자의 평측은 비교적 그대로 따르고 있다. 이는 운자를 따라 지었기 때문에 일어난 현상으로 보이지만, 차운시를 지으면서 최대한 원시를 그대로 따르고자 하는 의식에 의해 나타난 현상이라고 생각되기도 한다.

형식적인 면에서 가능한 원시를 그대로 따르고자 하는 의식을 보인 것과 달리 내용면에서는 원시와 적지 않은 거리가 보인다. 윤국형의 원시는 우의(友誼)에 대한 직접적인 표현과 함께 "넋은 천 리 구름 낀 고국을 헤매고, 꿈은 오경의 달 비추는 행궁을 맴도는데 / 천장께서 남쪽 가서 큰 노여움 떨치시니, 대지는 동쪽 가서 태평세월 누릴 것이라"라는 함련(頷聯)과 경련을 통해 임진왜란이라는 국가적 위난(危難)을 대하는 윤국형의 심경이 고스란히 드러나 있지만, 『담교당강수집』에 수록된 차운시에서는 이런 모습이 보이지 않는다.

『담교당강수집』의 차운시는 대를 이어가는 두 집안의 우의(友誼)와 교분에 대한 천양과 강조가 내용의 중심이 되는데, 이런 모습은 우벽의 차운시에서 시작하여 윤의립과 우대륜의 차운시를 거쳐 마지막 99번째 시인 우영풍의 시에까지 이어진다. 이런 현상은 우벽의 차운시가 윤국형과의 우의(友誼)를 강조하기 위해 창작된 것이고, 이후 후손들의 시 역시 선대부터 이어져 온 두 집안의 교분을 강조하고자 한 것이었기 때문에 당연한 것이다. 그래서인지 『담교당강수집』의 차운시에서 사용된 시어들 대부분이 선조에 대한 추모와 우정을 의미하는 단어들이다.

하지만 이런 공통점과 함께 두 집안 후손들의 시에는 차이를 보이는 부분도 있는데, 대표적인 것이 서울과 지방이라는 거주 공간의 거리나 차이를 강조하는 부분이다. 이런 내용은 우벽 후손들의 시에 주로 나타나는데, 윤국형 후손의 시에서는 보이지 않는 이런 내용이 우벽 후손들의 시에서 적지 않게 나타난다는 것은 이들이 지니고 있었던 상대적인 차이나 거리감에 대한 인식에 의한 것이라 생각된다.

그러나 이런 차이가 있기는 하지만, 『담교당강수집』에 수록된 시들은 선대부터 300여 년을 이어온 두 집안의 우의를 천양하여 돈독히 하고, 앞으로도 이 우의를 계속 이어가기를 바라는 두 집안 후손들의 염원을 담은 것이다. 『담교당강수집』이라는 책이 가진 가장 본질적인 의미는 여기에서 찾을 수 있고 또 찾아야 할 것이다.

담교당강수집서 澹交堂講修集序

이송심 李松心

경전(經傳)에 이르기를 "군자의 사귐은 담담하기가 물과 같다."라고 하였으니,[1] 담교당(澹交堂)이라는 당(堂)의 이름은 대체로 여기에서 가지고 온 것이다. 서울의 달촌(達村) 윤국형(尹國馨) 공이 이곳에 머물렀던 것은 이전 선조(宣祖) 임금께서 서쪽으로 몸을 피하셨던 때이니 바로 만력(萬曆) 군탄(涒灘)의 해[2]이다. 선조께서 환궁(還宮)하실 때 공은 7언율시(七言律詩)

1 경전(經傳)에서……하였으니 : 『예기(禮記)』「표기(表記)」에 "군자의 사귐은 물과 같고, 소인의 사귐은 단술과 같다. 군자는 담박함으로 이루고, 소인은 달콤함으로 무너뜨린다[君子之接如水, 小人之接如醴. 君子淡以成, 小人甘以壞]."라고 하였고, 『장자(莊子)』 외편 제20편 「산목(山木)」에 "군자의 사귐은 담담하기가 물과 같고, 소인의 사귐은 달기가 단 술과 같다[君子之交, 淡若水, 小人之交, 甘若醴]."라는 말이 나온다.

2 만력(萬曆) 군탄(涒灘)의 해 : 이 책에 수록된 다른 글을 보았을 때 선조 26년(1593년)을 말한 것으로 보인다. 만력(萬曆)은 중

1수를 남겼는데, 난리 중에 겪은 감정이 잘 드러나 있다. 여기에 대해서는 이전에 자세히 밝혔다. 그 뒤로 윤공의 자손들이 대대로 시를 지어 벽면을 가득 채웠고[3] 사람들의 입에 널리 오르내렸다.

강희(康熙) 기사년(己巳年, 1689년)[4]에 달촌공의 증손자인 판

국 명나라 제13대 황제 신종(神宗)의 연호로 1573년에서 1620년을 말하고, 군탄(涒灘)은 고갑자(古甲子) 십이지(十二支)의 하나로 신(申)을 말하니, 만력 군탄의 해는 1573년부터 1620년 사이 갑자(甲子)에 신(申)자가 들어가는 해 즉 1584년(甲申), 1596년(丙申), 1608년(戊申), 1620년(庚申) 중 하나가 된다. 그런데 선조가 서쪽으로 몸을 피한 때 즉 몽진(蒙塵)한 시기는 1592년 4월 30일이었고, 이후 2년 여의 시간이 지난 뒤에야 한양으로 돌아왔으며, 달촌공은 1592년 8월에 충청도 관찰사로 왜구와 맞서 싸웠으나 용인전투에서 패배하여 관직이 삭탈되었다가 2년 뒤에 장례원(掌隷院) 판결사(判決事)로 서용되었다. 따라서 기록과 같다면 이 시기는 1596년이 병신년(丙申年)되어야 하지만, 이 책의 다른 글을 보면 이 시기가 1593년 계사년(癸巳年)으로 나와 여기서는 선조 26년 1593년으로 정리한다.

3 벽면을 가득 채웠고 : 원문의 농사(籠紗)는 시나 글을 푸른 비단으로 싸서 현판에 걸어 오래 보존해 두는 벽사롱(碧紗籠)을 말하는데, 여기서는 달촌공의 후예들이 쓴 시를 가리킨다.

4 강희(康熙) 기사년(己巳年) : 청나라 4대 황제 성조(聖祖) 강희제(康熙帝) 28년으로 조선 숙종(肅宗) 15년 1689년이다.

서공(判書公) 휘(諱) 이제(以濟)가 평안도 관찰사가 되었을 때 우공(禹公) 휘 벽(璧)의 증손 휘 천여(天與)와 여러 자질(子姪)들을 친절하게 정성껏 대접하였고, 지은 시들을 잘 보존하라는 가르침을 남겼다. 판서공은 자신의 녹봉(祿俸)을 덜어내어 당(堂) 하나를 세웠는데, 영내(領內)를 순시(巡視)하다가[5] 이곳을 찾아올 때면 마치 선조(先祖)의 귀한 가르침을 받드는 것 같이 하였다. 그러나 세월은 쉽게 흘러가 비바람을 맞아 처마와 난간, 지붕 모서리가 한순간에 무너질 것 같았다.

옹정(雍正) 을사년(乙巳年, 1725년)[6]에 동지공(同知公) 휘 세규(世規)가 허물어진 것을 새로 세워서 선조(先祖)들의 뜻을 잘 이으려 하였으나 누각을 완성하지 못하다가 이 일을 문중 사람들과 논의하여 공사를 마쳤으니, 선조들의 뜻을 잘 이었다고 할 만하다.[7] 그러나 이로부터 60여 년이 지난 기유년(己酉年, 1789

5 영내(領內)를 순시(巡視)하다가 : 원문의 아독(牙纛)은 아기(牙旗)와 같은 말로, 깃대 끝을 상아로 장식한 큰 깃발을 말하는데, 이 깃발은 주장(主將)이나 주수(主帥)가 있는 곳에 세우는 깃발이다. 따라서 이 글에서는 평안도 관찰사가 다스리는 영내(領內)를 말한다.

6 옹정(雍正) 을사년(乙巳年) : 청나라 5대 황제 세종(世宗) 옹정제(雍正帝) 3년으로 조선 영조(英祖) 1년 1725년이다.

7 선조들의……할 만하다 : 원문의 간고(幹蠱)는 『주역(周易)』「

년)[8] 겨울에 화재가 일어나[9] 불길이 번져 당을 거의 다 태워버렸으니, 선조들의 유적을 생각하면 아! 이 또한 참혹한 일이다.

동지공의 큰아들 휘 처하(處夏)가 그의 동생 종하(宗夏)를 이끌고 문중 사람들과 함께 신해년(辛亥年, 1791년)[10] 봄에 목재와 기와를 준비하여 옛 당을 증축하고 규모를 넓혔다. 이웃에서 바라보는 사람들이 모두 "효자다. 효자다."라고 하였으니, 이것은 선조의 뜻을 잇는 것이다. 공사를 마쳤을 때 우공이 세상을 떠났으니 애통하고 또 애통하다.

고괘(蠱卦)」 초육(初六)에 나오는 말로 간부지고(幹父之蠱)의 준말인데, 이 말은 아들이 부친의 뜻을 계승하여 발전시키는 것을 말한다.

8 60여……기유년(己酉年) : 옹정(雍正) 을사년(乙巳年) 이후의 기유년(己酉年)은 1729년과 1789년이다. 시기를 뜻하는 기(紀)는 상황에 따라서 다양하게 쓰이는데, 기본적으로 1기(紀)를 12년으로 보지만, 경우에 따라서는 10년이나 30년으로 보기도 한다. 여기서 2기여(紀餘)라고 한 것을 인정하고 1기(紀)를 30년으로 본다면 1725년으로부터 대략 60여 년이 지난 1789년으로 볼 수 있다.

9 화재가 일어나 : 원문에는 팔인고재(八人告災)로 되어 있는데, 팔인(八人)이 화(火)자의 파자(破字)여서 이 말은 화재를 말한다.

10 신해년(辛亥年) : 신해년은 기유년으로부터 2년 뒤이니 1731년이나 1791년이 되는데, 앞의 기유년을 1789년으로 본다면 1791년이 된다.

이제 옛 종이에 쓰여진 시들을 하나하나 수습하여 판각(板刻) 기술자의 판각에 맡기는 것은 영원히 전하고자 하는 것이다. 부모님의 상(喪) 중에 있는[11] 태언(台彦) 태주(台周) 형제가 눈물을 흘리며 서문 몇 자를 청했고, 그들의 집안 조카 신휘(頣彙) 동점(東漸) 성린(聖璘)이 뜻을 모아 함께 계획하였으니 내가 공의 집에 살면서 몇 년을 공부했기 때문이다. 그러니 감히 글재주가 없다고 사양하지 못하고 글의 끝에 이어서 이렇게 말한다.

백 년 옛 당의	百年古堂
그 사귐 담담하니	其交也澹
구름 거듭 덮어 주는	雲仍傾盖
대동강[12] 남쪽인데	自浿以南

---

11 부모님의……있는 : 원문의 극인(棘人)은 부모님의 상중(喪中)에 있는 사람을 말한다.

12 대동강 : 원문의 패(浿)는 패강(浿江)인데, 우리나라의 문헌에서는 대동강을 대부분 패강으로 기록한다. 이 책에 수록된 윤익모(尹益模)의 글에 담교당(澹交堂)이 있는 추도(楸島)가 평안남도 평원군 자덕면 송매동에 있다고 했는데, 대동강은 평안남도 영원군과 함경남도 장진군 사이에 있는 한태령에서 발원하여 평안남도 일대를 흘러 평양시 한가운데를 통과해 서해로 빠져나간다.

하루아침에 재가 되자	一朝灰燼
효성스런 후손 사모하여	孝孫興感
옛 당을 수리하고 올라 보니	葺舊登望
그윽한 흥취는 줄어들지 않아	幽致不減
울창한 뜰의 소나무는	鬱鬱庭松
검푸른 빛으로 난간 마주하며	黛色臨檻
희디흰 동산의 배나무는	皚皚園梨
모두 열매를 머금으니	有實共含
두 집안의 아름다운 교분이	兩家交誼
구름과 나무처럼[13] 어렴풋이 떠오르네.	雲樹依黯
그대 모든 군자들이여	百爾君子
이 이름을 돌아보고 교훈 삼을 지어다.	顧名佩箴

숭정(崇禎) 기원 후 세 번째 임자년(壬子年) 1792년
정월(正月) 상완(上浣)[14]에

13 구름과 나무처럼 : 원문의 운수(雲樹)는 벗을 그리워하는 마음을 뜻하는 말로, 두보(杜甫)의 〈춘일억이백(春日憶李白)〉에서 “위수 북쪽엔 봄 하늘에 우뚝 선 나무, 강 동쪽엔 저문 날 구름[渭北春天樹, 江東日暮雲]”이라고 한 구절에서 유래한 것이다.

14 상완(上浣) : 초하루부터 초열흘까지의 사이로 초순(初旬)이라고도 한다.

장수(長水) 후인 통훈대부(通訓大夫) 전행금교도(前行金郊道) 찰방(察訪) 이송심(李松心)이 삼가 쓰다.

■ 원문

澹交堂講修集序
담 교 당 강 수 집 서

傳有之曰。君子之交澹如水。堂之號盖取諸此也。
전 유 지 왈 군 자 지 교 담 여 수 당 지 호 개 취 저 차 야

京師尹公達村之舘於斯者。粤在宣廟西狩之時。卽
경 사 윤 공 달 촌 지 관 어 사 자 월 재 선 묘 서 수 지 시 즉

萬曆涒灘之歲也。比其旋旆。留題四韵一聯。頗窮
만 력 군 탄 지 세 야 비 기 선 패 유 제 사 운 일 련 파 궁

離亂之情。而前述備矣。其後尹公之若子若孫。累
리 란 지 정 이 전 술 비 의 기 후 윤 공 지 약 자 약 손 누

世題詠。籠紗壁面。膾炙人口。康熙己巳。達村之
세 제 영 농 사 벽 면 회 자 인 구 강 희 기 사 달 촌 지

曾孫判書公諱 以濟 按節關西右時。欵接禹公諱 璧
증 손 판 서 공 휘 이 제 안 절 관 서 우 시 관 접 우 공 휘 벽

之曾孫諱 天與 及群從。而有妥帖題詠之教。捐其
지 증 손 휘 천 여 급 군 종 이 유 타 첩 제 영 지 교 연 기

廩俸。爲建一堂。當其巡審牙纛來訪。如承其先人
름 봉 위 건 일 당 당 기 순 심 아 독 내 방 여 승 기 선 인

之謦咳焉。居諸易遒。上雨傍風。簷櫳屋角。揭然
지 경 해 언 거 제 이 주 상 우 방 풍 첨 롱 옥 각 게 연

將蹶矣。雍正乙巳。同知公諱 世規 嗣而葺之。克
장 궐 의 옹 정 을 사 동 지 공 휘 세 규 사 이 즙 지 극

遵先志。而以株樓未成。爲一欠擧謀諸宗。而究厥
준 선 지 이 이 주 루 미 성 위 일 흠 거 모 제 종 이 구 궐

工。可謂幹蠱矣。越二紀餘。己酉之冬。八人告
공 가위간고의 월이기여 기유지동 팔인고
災。延爇殆盡。緬思遺蹟。吁亦慘矣。同知公之伯
재 연설태진 면사유적 우역참의 동지공지백
胤諱 處夏。率其季氏 宗夏。曁宗人。於辛亥春。
윤휘 처하 솔기계씨 종하 기종인 어신해춘
營辨材瓦。增其舊。而廣其制。鄰保觀瞻者。咸曰
영변재와 증기구 이광기제 인보관첨자 함왈
某也孝某也孝云。爾者承先志也。功告訖而禹公化
모야효모야효운 이자승선지야 공고흘이우공화
逝。痛矣痛矣。今也題詠之謄諸故紙者。箇箇收
서 통의통의 금야제영지등저고지자 개개수
拾。付諸剞劂氏。圖所以不朽。而棘人 台彦台周
습 부저기궐씨 도소이불후 이극인 태언태주
昆季。泣請其弁文數字。其門侄 頤彙東漸聖璘 同
곤계 읍청기변문수자 기문질 이휘동점성린 동
志協謀。而不佞贅于公之門。業有年所矣。不敢以
지협모 이불녕췌우공지문 업유년소의 불감이
不文而辭。系之以尾曰。百年古堂。其交也澹。雲
불문이사 계지이미왈 백년고당 기교야담 운
仍傾盖。自浿以南。一朝灰燼。孝孫興感。葺舊登
잉경개 자패이남 일조회신 효손흥감 즙구등
望。幽致不減。鬱鬱庭松。黛色臨檻。皚皚園梨。
망 유치불감 울울정송 대색임함 애애원리
有實共含。兩家交誼。雲樹依黯。百爾君子。顧名
유실공함 양가교의 운수의암 백이군자 고명
佩箴。
패잠

崇禎紀元後三。壬子正月上浣。長水后人。通訓大
숭정기원후삼 임자정월상완 장수후인 통훈대
夫前行金郊道察訪。李松心 謹識。
부전행금교도찰방 이송심 근지

담교당강수집서 澹交堂講修集序

윤상현 尹商鉉

아아! 사귀는 도리는 몹시 넓지만, 곤궁하고 어려웠던 시기의 사귐은 잊을 수 없는 것이다. 이는 그 자신이 잊을 수 없는 것일 뿐만 아니라 또한 그 자손들도 시간이 지날수록 잊을 수 없는 것이다. 이전에 나의 선조(先祖)이신 달촌공(達村公) 휘 국형(國馨)께서 선조(宣祖) 임금님[1]의 지우를 받아 조정(朝廷)에 드나들고 화려하고 높은 관직을 두루 거치셨으니 한평생 사귄 사람들이 모두 한 시대의 어진 사대부들이었다. 나는 그분의 자손으로 직접 만나서 서로 즐거워한 분이 있고, 소문을 듣고 만나 뵙기를 바랐던 분이 있다. 그러나 어찌 일찍이 가슴 저 깊은 곳에서 잊기 어려운 분으로 담교당(澹交堂) 주인인 우씨(禹氏) 같은 분이 있겠는가. 아아! 곤궁하고 어려웠던 처지에서 느끼

1 선조(宣祖) 임금님 : 원문의 소경(昭敬)은 선조(宣祖)의 시호(諡號)이다.

는 감정은 이와 같은 것이다.

담교당 주인 우씨의 먼 조상인 휘 벽(璧)은 나의 선조 달촌공께서 벼슬이 없던 시기에 사귄 사람이다. 그러므로 달촌공께서 위태롭고 어려움을 당하신 나머지 홀로 가서 몸을 맡기셨으니 이때가 바로 만력(萬曆) 계사년(癸巳年, 1593년)[2] 봄 2월이었다. 이때 달촌공께서는 위태롭고 곤궁하셨는데, 위로 임금님과 아버지의 엄한 꾸지람이 있었지만, 아래로 도와주고 지켜줄 가까운 벗이 없었다. 그런데 우공만은 곧 불쌍히 여겨 받아주었으며, 거처와 식사를 정성껏 마련하여 4개월을 하루같이 하였으니 아! 달촌공과 우공 두 공의 교제가 담담하게 이루어졌다고 할 수 없겠는가? 떠날 때가 되어 달촌공께서 시 한 수를 남겨 우공에게 주시고 정중하게 이별하셨으니, 지금도 그때를 생각하면 눈물이 흘러내린다.

이때부터 달촌공의 자손들로 이곳을 지나며 시에 화답한 분이 몇 분 계셨는데, 가장 마지막 분이 나의 7대조이신 삼재공(三宰公) 휘 이제(以濟)이셨다. 이세공께서는 평안도 관찰사[3]로서 순시하실 때면 늘 우씨 집에 머무르시며 우공의 증손인 휘

---

2 만력(萬曆) 계사년(癸巳年): 선조(宣祖) 26년으로 1593년이다.

3 평안도 관찰사: 원문의 서기백(西箕伯)은 평안감사나 평안도 관찰사를 이르는 말이다.

천여(天與)와 거듭하여 세교(世交)를 더욱 두텁게 하셨다. 또 말씀하시기를 "우리 선조들께서 대대로 써 놓으신 시는 받들지 않아서는 안 되는 것이니 그렇지 않다면 후세의 자손들이 무엇으로 알 수 있겠는가?"라고 하셨다. 이로 말미암아 자금을 내어 주어서 당(堂)을 짓게 하시고 시를 모두 걸어놓게 하시니 공이 지은 것과 합해 모두 다섯 편이었다.

올해(1914년) 봄에 집안의 후손 익모(益模)가 일이 있어 서쪽으로 가는 길에 먼저 송매촌(松梅村)에 있는 우씨의 자손을 방문하여 비로소 당이 크게 변하지 않았고[4] 현판 위의 여러 작품들도 상전벽해(桑田碧海)와 같은 세상에서 별 탈 없이 보존되고 있는 것을 알았다. 또 이 찰방(李察訪) 휘 송심(松心) 공의 서문을 얻어 읽어보고 이 당(堂)이 무너졌다가 다시 세워진 것이 애초 우공 자손들이 선조의 뜻을 잘 계승하였기 때문이었음을 알게 되었으니, 우리 윤씨 집안 후손으로 감격하지 않는 자가 어찌 사람이겠는가.

---

4 크게 변하지 않았고 : 원문 불릉불곡(不陵不谷)의 능곡(陵谷)은 세상이 엄청나게 변하는 것을 뜻하는 말로, 『시경(詩經)』「소아(小雅)」〈시월지교(十月之交)〉 장의 "높은 언덕은 골짜기로 뒤바뀌고, 깊은 골짜기는 언덕으로 변했다[高岸爲谷, 深谷爲陵]."라는 말에서 온 것이다.

익모가 우씨 여러 후손들과 선조들의 시를 영원히 보존하고 이전의 우호를 돈독히 하려는 뜻을 세워 두 집안 자손들의 시를 널리 수집하여 합해서 『담교당강수집(澹交堂講修集)』으로 간행하고자 하였다. 그리고 나에게 서문을 써 줄 것을 요청하였다. 나는 선조께서 곤궁하고 어려웠을 때 했던 교제가 세상이 어려워졌다고 해서 함께 어려워지지 않고 시간이 지나갈수록 더욱 잊을 수 없다는 것을 기록해야 한다고 여겨서 즐겁게 글을 써서 그 요청에 부응한다.

1914년 갑인년(甲寅年) 9월 9일 중양절(重陽節)에

전 문묘직원(前文廟直員) 윤상현(尹商鉉)이 삼가 쓰다.

■ 원문

嗚呼。交之道甚廣。唯窮途之交。爲不可忘。不惟
오호 교지도심광 유궁도지교 위불가망 불유

其身之有不忘。亦有子孫之愈久而不可忘焉者耳。
기신지유불망 역유자손지유구이불가망언자이

昔我先祖達村公諱 國馨 受遇昭敬。出入臺省。歷
석아선조달촌공휘 국형 수우소경 출입대성 역

履華顯。畢生之所交遊。皆一時賢士大夫。而吾於
리화현 필생지소교유 개일시현사대부 이오어

其子孫。有見而相樂者。有聞而願見者。然曷嘗有
기자손 유견이상락자 유문이원견자 연갈상유

肺腑難忘。如澹交堂主人禹氏者乎。嗚呼。窮途之
폐 부 난 망 여 담 교 당 주 인 우 씨 자 호 오 호 궁 도 지

感。其如是也。澹交堂主人禹氏之遠祖諱　璧。於
감 기 여 시 야 담 교 당 주 인 우 씨 지 원 조 휘 벽 어

我祖爲布衣交也。故我祖當臲卼顚沛之餘。隻身而
아 조 위 포 의 교 야 고 아 조 당 얼 올 전 패 지 여 척 신 이

往寄之。時卽萬曆癸巳春二月也。當是時。我祖旣
왕 기 지 시 즉 만 력 계 사 춘 이 월 야 당 시 시 아 조 기

厄且窮。上有君父之嚴譴。下無親友之救護。獨禹
액 차 궁 상 유 군 부 지 엄 견 하 무 친 우 지 구 호 독 우

公迺能憫而接之。　館廩之惟謹。　貫四月如一日。
공 내 능 민 이 접 지 관 름 지 유 근 관 사 월 여 일 일

嘻。二公之交。其不可曰澹而成者乎。及將行。我
희 이 공 지 교 기 불 가 왈 담 이 성 자 호 급 장 행 아

祖留一詩爲禹公贈。因鄭重而別之。至今思之。有
조 류 일 시 위 우 공 증 인 정 중 이 별 지 지 금 사 지 유

潸其下。　盖自是達村公之子若孫。　過而賡和者三
산 기 하 개 자 시 달 촌 공 지 자 약 손 과 이 갱 화 자 삼

數。而最後。我七世祖考三宰公諱　以濟。以西箕
수 이 최 후 아 칠 세 조 고 삼 재 공 휘 이 제 이 서 기

伯。常駐節於禹氏之庄。與禹公之曾孫諱天與。重
백 상 주 절 어 우 씨 지 장 여 우 공 지 증 손 휘 천 여 중

講世好。且曰我先人世稿。不可以不奉。不如是。
강 세 호 차 왈 아 선 인 세 고 불 가 이 불 봉 불 여 시

後世子孫。其何以證諸。繇是捐金而付之。俾爲堂
후 세 자 손 기 하 이 증 저 요 시 연 금 이 부 지 비 위 당

而悉揭之。　倂公述凡爲五枚也。　是年春。　族孫益
이 실 게 지 병 공 술 범 위 오 매 야 시 년 춘 족 손 익

模。因事西遊。首訪禹氏子孫於松梅之村。始識堂
모 인 사 서 유 수 방 우 씨 자 손 어 송 매 지 촌 시 식 당

之不陵不谷。而板上諸作。亦得以保無恙於桑海之
지 불 릉 불 곡 이 판 상 제 작 역 득 이 보 무 양 어 상 해 지

世也。又得李察訪諱松心公之序文而讀之。知此堂
세 야 우 득 이 찰 방 휘 송 심 공 지 서 문 이 독 지 지 차 당

之踣而復起者。未始不由禹公子孫之能幹蠱也。爲
지 복 이 부 기 자 미 시 불 유 우 공 자 손 지 능 간 고 야 위

吾尹而不之感激者。寧有人乎。益模與禹氏諸彦。
오 윤 이 불 지 감 격 자 영 유 인 호 익 모 여 우 씨 제 언

謀不朽先詩。且篤前好。廣蒐二家子孫之詩。而合
모 불 후 선 시 차 독 전 호 광 수 이 가 자 손 지 시 이 합

刊爲澹交堂講修集。要余文以弁之。余惟先世窮途
간 위 담 교 당 강 수 집 요 여 문 이 변 지 여 유 선 세 궁 도

之交。不以世窮而亦窮。愈久而愈不可忘者。爲可
지 교 불 이 세 궁 이 역 궁 유 구 이 유 불 가 망 자 위 가

記也。樂爲之書以副其請。
기 야 낙 위 지 서 이 부 기 청

歲甲寅重陽日。前文廟直員。尹商鉉 謹識。
세 갑 인 중 양 일 전 문 묘 직 원 윤 상 현 근 지

기실記實

윤홍순尹弘淳

삼가 가승(家乘)을 살펴보면, 나의 11대 선조이신 달촌공(達村公) 휘 국형(國馨)(벼슬은 판서(判書)로 선조(宣祖) 임금 때의 명신이다.)께서 열여덟 살이 되던 가정(嘉靖) 경신년(庚申年, 1560년)[1]에 장인이신 조공(趙公) 휘 수(琇)를 따라 순안(順安)[2] 임소에 가셨고, 조공의 명으로 고을 동쪽 조계사(曹溪寺)에서 글을 읽으셨는데, 고을의 많은 선비들이 공을 따라왔다.

30여 년 뒤에 임진왜란(壬辰倭亂, 1592년)[3]이 일어나자, 공은 충청도 관찰사[4]로 군사를 이끌고 임금님을 지키려고 하였으나

1 가정(嘉靖) 경신년(庚申年) : 명나라 11대 황제 세종(世宗) 가정제(嘉靖帝) 39년으로 조선 명종(明宗) 15년 1560년이다.

2 순안(順安) : 평안남도 평원 지역의 옛 지명이다.

3 임진왜란(壬辰倭亂) : 원문의 용사지란(龍蛇之亂)은 임진왜란을 말한다. 간지(干支) 상으로 용(龍)은 진(辰)에 해당하고, 사(蛇)는 사(巳)에 해당하므로 용사(龍蛇)는 임진년과 계사년을 말한다.

가는 길에 왜군을 만나 싸우다가 패하여 이 때문에 관직을 삭탈(削奪)당하였다. 이후 백의(白衣)로 종군(從軍)하여 육로와 수로를 내달려 정주(定州)[5]의 행재소(行在所)에 이르니 이에 임금님이 불러 말씀하시기를, "전쟁으로 길이 막히고 끊어진 끝에 임금과 신하가 만나니 과연 어떠한가."라고 하셨다.

이어서 또 임금님의 행차를 영유(永柔)[6]의 이화정(梨花亭)[7]으로 옮겼는데, 이때 순안(順安)의 선비 우공(禹公) 휘 벽(壁)이 옛날의 인연으로 공을 자신의 집에 맞이하여 머물게 하고 항상 바라보고 의지하기를[8] 해와 달의 빛과 같이 여겼는데, 그곳이 몹시 편리하고 행재소와 가까웠으니 또 곤궁하고 위태로운 처

4 충청도 관찰사 : 원문의 호서방백(湖西方伯)은 충청도 관찰사를 말한다.

5 정주(定州) : 평안북도 서남부 해안에 위치한 지역이다.

6 영유(永柔) : 평안남도 평원 지역의 옛 지명이다.

7 이화정(梨花亭) : 영유(永柔)에 있는 객관(客館)으로 임진왜란 때 선조가 100여 일간 머물렀다.

8 항상 바라보고 의지하기를 : 원문의 첨의(瞻依)는 항상 바라보고 의지한다는 뜻으로, 부모님이나 윗사람에 대한 공경의 뜻을 나타내는 말이다. 『시경(詩經)』 「소아(小雅)」 〈소반(小弁)〉 장의 "눈에 뜨이니 아버님이요, 마음에 그리니 어머님일세[靡瞻匪父, 靡依匪母]."라는 말에서 온 것이다.

지에서 도리와 의리의 신뢰가 이에 더욱 깊어졌다. 백 일을 머물러 지내다가 이후 가서 어머니의 병환을 돌보라는 명을 받고 영남의 의성(義城)으로 달려갔는데, 헤어질 때 우공에게 시 한 수를 주었으니 그 시에서

넋은 천 리 구름 낀 고국을 헤매고 魂迷故國雲千里
꿈은 오경의 달 비추는 행궁을 맴도는데 夢近行宮月五更

라고 하셨다. 우공은 이 시를 머물던 곳의 벽 위에 받들어 걸고 보배처럼 귀중하게 여겼다.

이로부터 다시 30여 년 뒤인 1624년 갑자년(甲子年)[9]에 달촌공의 둘째 아들인 월담공(月潭公) 휘 의립(毅立)(벼슬은 판서(判書)로 선조(宣祖) 임금 때의 명신이다.)께서 원접사(遠接使)[10]의 명을 받아 서쪽으로 관문을 나서다가 선대(先代)의 우의(友誼)를 생각하고 우씨를 찾아가 다시 부친의 옛 시에 차운(次韻)하여 시를 걸었고, 또 30년 뒤 갑오년(甲午年, 1654년)[11]에 월담공의 큰아들인 세헌(世獻)께서 인근 고을의 수령으로 있으면서 우씨

9 갑자년(甲子年) ; 인조(仁祖) 2년으로 1624년이다.

10 원접사(遠接使) : 원문의 빈상(儐相)은 중국 사신을 멀리까지 나아가 맞아들이는 원접사(遠接使)의 이칭(異稱)이다.

11 갑오년(甲午年) : 효종(孝宗) 5년으로 1654년이다.

를 찾아가 다시 그 시에 차운하고 이어서 서문을 썼다. 또 18년 뒤인 신해년(辛亥年, 1671년)[12]에 나의 8대 방조(傍祖)이신 목사공(牧使公) 휘 이익(以益)께서 또 개천(价川)의 수령으로 방문하여 그 시에 차운하셨다. 또 18년 뒤 무진년(戊辰年, 1688년)[13]에 나의 8대조 삼재공(三宰公) 휘 이제(以濟)께서 평안도 관찰사[14]로 여러 고을을 두루 순시하시다가 우공의 증손인 휘 천여(天與)의 집에서 머물면서 여러 관기(官妓)를 시켜 이전 4대 선조들의 시에 앉은 먼지를 하나하나 털어 내게 하였으니[15] 우러러

---

12 신해년(辛亥年) : 현종(顯宗) 12년으로 1671년이다.

13 무진년(戊辰年) : 숙종(肅宗) 14년으로 1688년이다.

14 평안도 관찰사 : 원문의 관서백(關西伯)은 평안도 관찰사를 말한다.

15 여러……하였으니 : 원문의 사삼백홍수(使三百紅袖)……사롱지진(紗籠之塵)에서 홍수(紅袖)는 붉은 소매로 관기(官妓)를 말하고, 사롱(紗籠)은 벽사롱(碧紗籠)으로, 귀인과 명사가 지어 벽에 걸어놓은 시문을 청사(青紗)로 덮어서 오래도록 보존하며 존경의 뜻을 표한 것을 말한다. 이 말은 중국의 당(唐)나라 왕파(王播)가 어려서 가난하여 양주(楊州) 혜소사(惠昭寺) 목란원(木蘭院)의 객이 되어 글을 읽으며 승려들을 따라 잿밥을 얻어먹었는데, 승려들이 그를 싫어하여 밥을 먹고 난 다음에야 종을 치곤 하므로, 그가 시를 한 수 지어 벽에 붙여 두고는 그곳을 떠났다가 20여 년이 지난 뒤에 왕파가 재상이 되어 다시 그 절을 찾아가 보니, 지난날

사모함이 더욱 깊어졌고 바라보고 시를 읊는 것이 더욱 많아져 백성들이 바라보고 감동하는 것과 산천(山川)의 정채(精彩)가 모이고 빛나는 것이 한 주(州)나 한 고을의 영광이 될 뿐만이 아니어서 평안도 온 지역의 풍속을 살피고자 하는 사람이 채택하는 아름다움이 되기에 충분한 것이었다.

공이 이에 또 오랜 시간이 지나 사라질까 두려워 자금을 내어 우공에게 주고 당(堂) 하나를 세우게 하고는 담교(澹交)라고 현판을 달았으니 대체로 『예경(禮經)』의 뜻을 취한 것이다. 이어 4대 선조들의 시와 공의 시를 판각하였으니 모두 다섯 판이었는데, 차례대로 걸어서 끝없이 전해지기를 기약하였다.

아아! 세대가 멀어질수록 삼성(參星)과 상성(商星)[16]처럼 멀어

자기가 지어 놓은 시를 벌써 푸른 비단으로 감싸 놓고 있었으므로, 그 시의 뒤에 "이십 년 동안 먼지를 뒤집어쓰고 있다가, 오늘에야 푸른 깁으로 장식되었구나[二十年來塵撲面, 如今始得碧紗籠]."라고 지어 넣은 고사와 중국의 송(宋) 나라 때 위야(魏野)가 구준(寇準)과 함께 어느 절에 가 놀면서 똑같이 시를 써 붙여 놓았다가, 뒤에 다시 함께 그 절을 찾아가 보니, 구준의 시는 푸른 깁으로 잘 싸서 보관하고 있고, 자신의 시는 먼지가 잔뜩 낀 채 그대로 있으므로, 그들을 따라갔던 관기(官妓)가 붉은 소매로 그 먼지를 털어 냈다는 두 고사에서 온 말이다. 원문에서 사삼백홍수(使三百紅袖)라고 한 것은 삼백 명의 기녀를 시켰다는 말이 아니라 많은 기녀를 동원하였다는 의미이다.

지고 가로막혀 두 집안의 소식이 쓸쓸하고 적막해졌다. 올해(1914년) 정월에 집안의 익모(益模)가 집이 가난하고 부모님이 늙으시면 벼슬에서 녹봉을 가리지 않는다는 의에 따라[17] 전야검(田野檢)[18] 등의 직책을 맡아 순안에 부임하여 먼저 추도(楸島)[19] 주인 우씨의 집을 방문하고 담교당에 올랐으니, 선대의 유적이 아름답게 빛나고 있음을 확인할 수 있었다. 우씨가 지극한 정성으로 맞아준 것은 실로 300백 년에 걸친 오랜 인연이 이어진 것으로 이렇게 상전벽해(桑田碧海)[20] 같은 세상에서 다

---

16 삼성(參星)과 상성(商星) : 서로 멀리 떨어져 있는 것을 뜻하는 말이다. 삼성(參星)은 동쪽 하늘에 있고 상성(商星)은 서쪽 하늘에 있어서, 각각 뜨고 지는 시각이 다른 관계로 영원히 서로 만날 수가 없는 데에서 유래된 말이다.

17 집이……따라 : 『공자가어(孔子家語)』 권2 「치사(致思)」에 "집안이 가난하고 어버이가 늙으시면, 녹봉을 가리지 말고 벼슬해야 한다[家貧親老, 不擇祿而仕]."라는 계로(季路)의 말이 나온다. 계로는 공자의 제자 중유(仲由)의 자인데, 자로(子路)로 잘 알려져 있다.

18 전야검(田野檢) : 전지(田地)와 산야(山野)를 살피고 점검하는 검심관(檢審官)을 말한다.

19 추도(楸島) : 이 책에 수록된 윤익모(尹益模)의 글에 추도(楸島)가 평안남도 평원군 자덕면 송매동에 있다고 했다.

20 상전벽해(桑田碧海) : 원문의 창상(滄桑)은 상전벽해(桑田碧

시 보게 될 줄은 생각지도 못한 것이었다.

이어 우씨 가문의 옛일을 참고하여 대략 정리하면, 동지사(同知事) 우공 휘 세규(世規)가 이어서 당을 수리하였고, 60년 뒤 기유년(己酉年, 1789년)[21] 겨울에 화재의 변고(變故)[22]로 당(堂)과 현판이 모두 불에 타 남은 것이 없었는데, 동지공의 아들 휘 처하(處夏)가 다 타버린 것을 다시 세우고 이전의 규모를 넓힌 뒤 제사를 올렸다. 그리고 다시 나의 선대 여러 선조의 시와 글을 판각하여 새로 걸었고, 휘 처하의 아들 휘 태언(台彥)과 태주(台周)가 1792년에 전 찰방(察訪) 장수(長水) 이공(李公) 휘

海)를 말하는데, 상전벽해는 뽕나무밭이 변하여 푸른 바다가 된다는 뜻으로, 세상의 일이 덧없이 빠르게 변하는 것을 말한다.

21 기유년(己酉年) : 앞의 서문과 같이 1기(紀)를 30년으로 본다면 정조(正祖) 13년으로 1789년이다.

22 화재의 변고(變故) : 원문의 회록(回祿)은 오회(吳回)와 육종(陸終)으로, 전설상의 불의 신을 말한다. 중국 고대의 제왕 전욱(顓頊)의 손자와 그 아우 오회, 아들 육종이 불을 맡은 신인 화정(火正)이 되었는데, 세 사람 모두 직무에 충실하고 공명정대하여 화신(火神)으로 섬겼다. 회록은 오회와 육종을 줄인 말로 '회륙(回陸)'이라 해야 하지만, '륙(陸)'과 '록(祿)'의 음(音)이 서로 통하여 '회록'으로 관례화되었는데, 화재(火災)를 '회록지재(回祿之災)'라고 한다. 또 고경(告警)은 어떤 사실을 알려 경계한다는 말로 변고(變故)가 일어났음을 말한다.

송심(松心)에게 담교당 중신(重新)의 기문(記文)을 청하여 걸었다고 하니, 자세하여 미진한 것이 없다. 우씨 가문의 여러분들은 인(仁)이 지극하고 의(義)를 다한 사람이라고 할 만하다.

익모와 우씨 가문의 여러 후손들이 유구하게 보존할 방법을 논의하여, 두 가문 선조들의 시와 유적을 모으고 빠짐없이 수집하여 보관하고 당(堂)을 안정시켰는데, 이제 후손들[23]이 원운(原韻)에 화답하여 옛날과 지금에 대해 담론하고 판각하여 책으로 묶어 『담교당강수집(澹交堂講修集)』이라고 하니, 내가 감히 아무 말 없이 가만히 있을 수 없어 전후의 실상을 차례대로 자세하게 정리하여 돌려드린다.

갑인년(甲寅年, 1914년) 9월 9일 중양절(重陽節)에
학무위원(學務委員) 윤홍순(尹弘淳)이 삼가 쓰다.

■ 원문

記實
기 실

謹按家乘。惟我十一代先祖達村公諱 國馨 官判書
근안가승 유아십일대선조달촌공휘 국형 관판서

宣祖朝名臣。年十八。當嘉靖庚申。從其外舅趙公
선조조명신 년십팔 당가정경신 종기외구조공

23 후손들 : 원문의 운잉(雲仍)은 운손(雲孫)과 잉손(仍孫)으로, 먼 후손을 가리키는 말이다.

諱 琇。於順安任所。以趙公命。讀書于郡東曹溪寺。邑之人士。多往從焉。後三十有餘年。龍蛇之亂作。 公異湖西方伯。 師軍勤王。 道遇敵戰而敗績。以故削職。白衣從軍。水陸間關馳。達于定州行在所。自上召諭曰。干戈阻絕之餘。君臣相對。果何如哉。尋又移御于永柔梨花亭。時順之士人禹公諱 璧。以舊契邀公於家而舘之。爲其瞻依日月之光。地甚便近。且窮途道義之信。於是更多。十旬居亭。竟以往護母病之命。馳還嶺之義城。臨別贈禹公以一詩有曰。魂迷故國雲千里。夢近行宮月五更。禹公奉揭于所館壁上。重之如琮琰焉。繼又三十餘年甲子。達村公仲子月潭公諱 毅立 官判書宣祖朝名臣。以儐相之命。西出關。追念先誼。迂禹氏。更次先公舊韻。而揭之。又三十餘年甲午。月潭公長子諱世獻。 以隣邑倅。 訪禹氏。 復次其韻。因以序之。又十八年辛亥。我旁八代祖牧使公

諱 以益。亦以价川倅。歷訪而次其韻。又後十八
휘 이익 역이개천쉬 역방이차기운 우후십팔
年戊辰。我八世祖三宰公諱 以濟。以關西伯。旬
년무진 아팔세조삼재공휘 이제 이관서백 순
宣列郡。駐節於禹公之曾孫諱天與之庄。使三百紅
선열군 주절어우공지증손휘천여지장 사삼백홍
袖。細拂先四世紗籠之塵。榮慕彌深。瞻詠益暢。
수 세불선사세사롱지진 영모미심 첨영익창
黎庶之觀瞻興感。山川之精彩蔟暎。不徒爲一州一
여서지관첨흥감 산천지정채족영 불도위일주일
閭之榮。足爲擧一路觀風者。採擇之美也。公於是
려지영 족위거일로관풍자 채택지미야 공어시
又懼其久而泯焉。捐金付禹公。俾建一堂。扁曰澹
우구기구이민언 연금부우공 비건일당 편왈담
交。盖取禮經之義也。仍刻其四世詩及公詩。并五
교 개취예경지의야 잉각기사세시급공시 병오
板。按序而揭之。以俟無窮之傳焉。噫。世代彌
판 안서이게지 이사무궁지전언 희 세대미
遠。參商修阻。兩家之聲息寥寥。是歲之正。家兒
원 참상수조 양가지성식요요 시세지정 가아
益模。以家貧親老。仕不擇祿之義。帶田野檢等之
익모 이가빈친로 사불택록지의 대전야검등지
職。赴務於順安。首訪於楸島主人禹氏之庄。獲升
직 부무어순안 수방어추도주인우씨지장 획승
澹交之堂。則先蹟之斑斑可徵。禹氏之欵欵相接。
담교지당 즉선적지반반가징 우씨지관관상접
實爲三百年來舊好之續。而不意復覩於此滄桑之世
실위삼백년래구호지속 이불의부도어차창상지세
也。因以牛氏故事。參證之畧曰。同知禹公諱 世
야 인이우씨고사 참증지략왈 동지우공휘 세
規。嗣而葺之。越二紀己酉冬。回祿告警堂。若板
규 사이즙지 월이기기유동 회록고경당 약판

燒燼無餘。同知公之胤諱　處夏。掃燼重建增其舊
소신무여 동지공지윤휘 처하 소신중건증기구

制而奠焉。更刻吾先世諸公詩若文。重新而揭之。
제이전언 경각오선세제공시약문 중신이게지

諱 處夏 之胤。諱 台彥台周 請於前察訪長水李公
휘 처하 지윤 휘 태언태주 청어전찰방장수이공

諱　松心。以爲澹交堂重新之記而揭之。盖綜詳無
휘 송심 이위담교당중신지기이게지 개종상무

餘蘊矣。若禹氏諸公。可謂仁之至義之盡也。益兒
여온의 약우씨제공 가위인지지의지진야 익아

與禹門諸彥。謀所以愈久之道。取兩家先詩及遺
여우문제언 모소이유구지도 취양가선시급유

跡。蒐輯無漏匱藏。而堂安之。今雲仍賡和原
적 수집무루궤장 이당안지 금운잉갱화원

韵。揚扢今古。付之剞劂。編爲澹交堂講修集
운 양흘금고 부지기궐 편위담교당강수집

云。愚不敢泯默。悉次前後實事以歸之。
운 우불감민묵 실차전후실사이귀지

甲寅重陽。學務委員。尹弘淳 謹記。
갑인중양 학무위원 윤홍순 근기

달촌공증순안조계사승 達村公贈順安曺溪寺僧 2수

윤국형 尹國馨

達村公贈順安曺溪寺僧 달촌공증순안조계사승

喪亂經年後 상란경년후

孤臣萬死餘 고신만사여

行宮瞻日月 행궁첨일월

舊榻看籧篨 구탑간거저

天將謨何密 천장모하밀

神京賊始除 신경적시제

題詩欲寄汝 제시욕기여

悲喜淚盈裾 비희루영거

달촌공이 순안 조계사의 승려에게 주다

나라 재앙 한 해를 넘긴 터이라

외론 신하 만 번 죽을 고비 넘기고

행궁에서 해와 달을 우러러보며

옛 상에서 대자리를 내려다보니
천장(天將)[1]의 계책은 어찌 그리 치밀하여
도성 거리 도적들도 사라지기 시작하나
시 지어 그대에게 보내려 하니
기쁘고도 슬퍼서 눈물 옷을 적시네.

又 우

我是聞韶老 아시문소로
師爲比屋僧 사위비옥승
鄕隣情最厚 향린정최후
喪亂淚雙凝 상란루쌍응
屬有皇威震 속유황위진
還看海祲澄 환간해침징
留詩且志喜 유시차지희
面目擬相憑 면목의상빙

---

1 천장(天將) : 임진왜란에 출병(出兵)한 명나라의 장수를 말하는데, 대체로 제독(提督) 이여송(李如松)을 지칭한다.

또

나는 순임금의 음악 들은 늙은이고[2]

스님은 태평성대[3] 승려이시니

---

2 순임금의……늙은이고 : 원문의 문소(聞韶)는 순(舜)임금의 음악인 소악(韶樂)을 들은 것을 말한다. 『논어(論語)』「술이(述而)」편에서 공자(孔子)가 일찍이 제(齊)나라에 있으면서 소악을 들어 보고는 석 달 동안 고기 맛을 잊어버리고 이르기를 "이 음악이 이렇게까지 좋은지는 미처 몰랐다[不圖爲樂之至於斯也]."라고 한 데서 온 말이다.

3 태평성대 : 원문의 비옥(比屋)은 비옥가봉(比屋可封)의 준말로 요순(堯舜) 시대에는 교화가 사해(四海)에 두루 미쳐 집집마다 모두 벼슬을 봉(封) 받을 만큼 덕행이 뛰어난 인물이 많았다는 말인데, 이는 곧 천하가 잘 다스려져 풍속이 순후(淳厚)하였다는 뜻이다. 『한서(漢書)』 권99 「왕망전(王莽傳)」에 "요순 시대는 집집마다 다 봉하여도 되었다[唐虞之時, 可比屋而封]."라고 하였고, 『논형(論衡)』 권2 「솔성(率性)」에서는 "요순의 백성들은 집집마다 다 봉하여도 되었고, 걸주의 백성은 집집마다 다 죽여도 되었다[堯舜之民, 可比屋而封, 桀紂之民, 可比屋而誅]."라고 하였으며, 한(漢)나라 육가(陸賈)의 『신어(新語)』「무위(無爲)」에는 "요순의 백성들은 집집마다 표창을 해 주어야 될 사람이 나오는 데 반하여, 걸주의 백성들은 집집마다 죽여야 될 자들이 나오니, 이는 임금의 교화가 그렇게 만든 것이다[堯舜之民, 可比屋而封, 桀紂之民, 可比屋而誅者, 敎化使然也]."라는 말이 나온다. 여기에서는 임금의 교화가 널리 퍼진 태평성대를 의미한다.

이웃에게 정 더욱 두터웠지만
난리통에 눈물만 두 줄기 엉겼었는데
마침 황제의 위엄 떨쳐져
다시 바다 요기(妖氣) 맑아짐을 보고
시를 남겨 또 기쁜 마음 써보니
기쁜 얼굴 서로서로 비슷하겠지.

순안다구상식順安多舊相識 1수

윤국형 尹國馨

順安多舊相識 순안다구상식

幷州一念在平郊 병주일념재평교

多少新知與舊交 다소신지여구교

漂母當年寧望報 표모당년녕망보

王孫自不厚恩抛 왕손자불후은포

순안에는 이전에 알던 사람 많아서

고향 삼은[1] 한 마음 저 들판에 있으니

1 고향 삼은 : 원문의 병주(幷州)는 제2의 고향을 말한다. 중국 당(唐)나라의 가도(賈島)가 병주(幷州)에 오래 살다가 떠난 후에 〈도상건(渡桑乾)〉이라는 시를 지어 그곳을 고향처럼 그리워하였는데, 그 시에서 "병주의 타향살이 십 년 세월이 흘렀으니, 밤낮으로 함양 고향 돌아갈 맘 간절한데, 무단히 또다시 상건수를 건너와선, 문득 병주 보고 고향인가 하노라[客舍幷州已十霜, 歸心日夜

새로 안 이 몇 사람 알던 사람 같으니
표모가 그 옛날 어찌 보답 바랐겠냐만
왕손은 제 저절로 후한 은혜 안 버렸지.[2]

憶咸陽, 無端更渡桑乾水, 却望幷州是故鄕].”라고 하였다. 여기서는 순안을 지칭한 것이다.

2 표모가……버렸지 : 『사기(史記)』 권92 「회음후열전(淮陰侯列傳)」에 한(漢)나라 개국 공신인 회음후(淮陰侯) 한신(韓信)이 일찍이 포의(布衣)의 신분으로 가난해서 끼니를 잇지 못하고 소외당한 채 성 아래에서 낚시하고 있을 때, 빨래를 하던 아낙네[漂母] 중 한 사람이 굶주린 한신의 기색을 보고 불쌍하게 여겨 수십 일 동안 밥을 먹여 주었는데, 이에 한신이 감격해서 언젠가 반드시 크게 보답하겠다고 하자, 그 아낙네가 “대장부가 끼니도 해결하지 못하기에, 내가 왕손을 불쌍히 여겨서 밥을 주었을 뿐이니, 어찌 보답을 바라겠는가[大丈夫不能自食, 吾哀王孫而進食, 豈望報乎].”라고 한 내용이 나오는데, 나중에 한신은 초왕(楚王)이 되어 그 여인을 찾아서 그때의 고마움을 천금(千金)으로 보답하여 약속을 지켰다.

1 澹交堂韵 담교당운

三十年前白面生 삼십년전백면생

重來鬚髮雪霜明 중래수발설상명

魂迷故國雲千里 혼미고국운천리

夢近行宮月五更 몽근행궁월오경

天將南臨申赫怒 천장남임신혁노

地維東轉佇昇平 지유동전저승평

知吾旅泊應无幾 지오려박응무기

贐語要留舊舘情 신어요류구관정

–嘉靖癸巳 達村 尹先覺 가정계사 달촌 윤선각

삼십 년 전의 백면서생[3]이

다시 오니 머리 수염 눈서리처럼 환하지만

넋은 천 리 구름 낀 고국을 헤매고

꿈은 오경의 달 비추는 행궁을 맴도는데

천장(天將)께서 남쪽 가서 큰 노여움 떨치시니[4]

---

3 백면서생 : 『송서(宋書)』 권77 「심경지전(沈慶之傳)」에 나오는 말로, 바깥 활동을 하지 않고 집에서 글만 읽고 세상일에 경험이 없는 사람을 이르는 말이다. 예로부터 견식(見識)이 짧은 서생(書生)이라는 부정적 표현으로 주로 사용되었다.

4 큰 노여움 떨치시니 : 『시경(詩經)』 「대아(大雅)」 〈황의(皇矣)〉

대지는 동쪽 가서[5] 태평세월 누릴 것이라
나의 나그네 삶 분명 얼마 안 됨 알아
이별의 말로 옛집의 정을 남기려 하네.

- 가정(嘉靖) 계사년(癸巳年, 1593년) 달촌 윤선각

장의 "왕께서 크게 성을 내시어 이에 군대를 정돈하여 침략하러 가는 무리를 막아서, 주나라의 국운(國運)을 돈독히 하여 천하의 기대에 부응하였다[王赫斯怒, 爰整其旅, 以遏徂莒, 以篤周祜, 以對于天下]."의 "王赫斯怒"에서 나온 말로, 명나라의 군대가 왜군을 물리침을 이르는 것이다.

5 대지는 동쪽 가서 : 원문의 지유(地維)는 지구를 얽어서 유지하고 있다는 밧줄을 말하는데, 『회남자(淮南子)』 권3 「천문훈(天文訓)」에 옛날 공공(共工)이 전욱(顓頊)과 임금 자리를 놓고 다투다가 화가 나서 부주산(不周山)을 들이받자 하늘을 떠받치고 있는 기둥인 천주(天柱)가 부러지고 땅을 묶어놓고 있는 밧줄인 지유(地維)가 끊어져 하늘은 서북쪽으로 기울고 땅은 동남쪽으로 꺼졌다고 한다. 여기서 대지가 동쪽 가서라고 한 것은 땅이 지유가 끊어지기 이전의 평평하고 안정된 상태로 돌아감을 이르는 것이다.

2 老相重尋舊舘生 노상중심구관생
別來顔面記分明 별래안면기분명
陋村惠枉多精彩 누촌혜왕다정채
澹水心交豈變更 담수심교기변경
共喜隣州鑾路過 공희인주란로과
佇聞天將賊塵平 저문천장적진평
一篇贐律千金重 일편신율천금중
三十年前未了情 삼십년전미료정

-嘉靖癸巳 澹交堂 禹璧 가정 계사 담교당 우벽

늙은 재상 옛집 생활 다시 찾으니
이별 뒤로 얼굴을 분명 기억하는데
누추한 마을 다시 찾은 다정한 마음에
담담한 물 같은 마음의 교제 어찌 바뀌랴
이웃 마을 임금님 수레 지남을[6] 함께 기뻐하며
천장(天將)의 오랑캐 평정 소식을 서서 듣는데

---

6 임금님 수레 지남을: 원문의 난(鑾)은 어가(御駕)를 끄는 말의 고삐에 다는 방울로 전의(轉義)하여 임금이 타는 수레나 임금을 지칭한다. 따라서 난로과(鑾路過)는 선조가 몽진(蒙塵)을 끝내고 한양으로 돌아감을 이르는 것이다.

한 편의 이별 시가 천금처럼 중한 것은
삼십 년 전의 그 정이 끝나지 않아서지.

-가정(嘉靖) 계사년(癸巳年, 1593년) 담교당 우벽

3 舊館重來百感生 구관중래백감생
壁間遺墨尙分明 벽간유묵상분명
年光過隙成疇昔 연광과극성주석
世事翻瀾閱變更 세사번란열변경
人挹蘭薰餘澤遠 인읍란훈여택원
庭空松韻暮烟平 정공송운모연평
那知賓主俱孤露 나지빈주구고로
白首難堪永慕情 백수난감영모정

– 天啓甲子 月潭 尹毅立 천계갑자 월담 윤의립

그 옛집 다시 오니 온갖 감정 다 드는데
벽 사이 남긴 시가 아직도 분명하니
세월이 틈 지나가[7] 이미 옛일 되었고
세상사 파도치듯 수많은 변화 겪었지만
사람 가진 난초 향기 남은 은택 멀리 뻗고[8]

---

7 세월이 틈 지나가 : 원문의 과극(過隙)은 틈을 지나간다는 것으로, 『장자(莊子)』 「지북유(知北游)」의 "천지간의 인생이란 마치 하얀 망아지가 담장의 틈 사이를 지나가는 것처럼 순간일 따름이다[人生天地之間, 若白駒之過隙, 忽然而已]."라는 말에서 온 것인데, 시간이 너무 빨리 흘러가는 것을 비유한 말이다.

8 사람……뻗고 : 『공자가어(孔子家語)』에 "선한 사람과 함께 지

뜰은 비어 솔바람 소리 저녁 안개에 잔잔하니
어찌 알았으랴 손님 주인 다 같이 외로운 몸으로[9]
흰머리 돼서도 영원히 그리는 정을 못 견딜 것을.
- 천계(天啓) 갑자년(甲子年, 1624년) 월담 윤의립

내면 마치 지란의 방에 들어간 것과 같아 그 향기는 못 맡더라도 오래 지나면 동화된다[與善人居, 如入芝蘭之室, 久而不聞其香, 卽與之化矣]." 하였는데, 여기서는 좋은 벗과의 우정이 끊어지지 않고 계속 이어짐을 말한다.

9 외로운 몸으로 : 원문의 고로(孤露)는 고로여생(孤露餘生)으로, 외롭게 살아남아 돌보아 주는 사람이 없어 겨우 살아가는 목숨이라는 말이다. 고(孤)는 부모가 없다는 뜻이고, 노(露)는 돌보아 주는 사람이 없다는 뜻이다.

4 共憶先君百感生 공억선군백감생
心交如水澹虛明 심교여수담허명
襟期敢望連承述 금기감망련승술
歲月堪悲屢變更 세월감비루변경
聖代公惟朝列顯 성대공유조렬현
遐方吾是戶民平 하방오시호민평
壁間遺墨賡和地 벽간유묵갱화지
賓主相同永慕情 빈주상동영모정

-天啓甲子 松韵 禹大倫 천계갑자 송운 우대륜

선친의 온갖 감정 함께 떠올리니
마음의 사귐 물같아 담담하고도 비어 밝아
가슴 속 깊은 뜻을 이어짓기 바랐는데
세월 자주 바뀌어서 슬픔을 견뎠으니
태평성대 공의 가문 조정에서 드러났고
먼 지방의 우리 집안 그저 평범한 백성이나
벽 사이 남긴 시에 화답하는 이곳에서
손님 주인 다 같이 그리는 정을 함께 하세.

-천계(天啓) 갑자년(甲子年, 1624년) 송운 우대륜

5

嘉靖辛酉。先王考在布衣。從聘君往來順安任所。
가정신유 선왕고재포의 종빙군왕래순안임소
與縣人多相識。及至萬曆癸巳。宣廟西狩。駐蹕清
여현인다상식 급지만력계사 선묘서수 주필청
溪。先王考歲以忠清方伯坐罷。寓居楸島禹公璧之
계 선왕고세이충청방백좌파 우거추도우공벽지
舍。爲近行宮也。又於天啓甲子。先王考受命儐
사 위근행궁야 우어천계갑자 선왕고수명빈
接。西出關外。經年遠滯。遘疾深重。一家以侍藥
접 서출관외 경년원체 구질심중 일가이시약
來。寓禹公之子之舍。兩世留題各一首。刻板掛之
래 우우공지자지사 양세류제각일수 각판괘지
堂壁以誌之矣。頃在甲午世末。不肖作宰三縣。牙
당벽이지지의 경재갑오세말 불초작재삼현 아
城安定之間。未滿二日之程。而公私冗故連仍。歲
성안정지간 미만이일지정 이공사용고련잉 세
四翻矣。一未往焉。祇與舊主人之子若孫。相從它
사번의 일미왕언 지여구주인지자약손 상종타
所而已。噫。癸巳之於辛酉。甲子之於癸巳。俱是
소이이 희 계사지어신유 갑자지어계사 구시
三十餘年之間。而兩世之寄寓於斯。有若前定者
삼십여년지간 이양세지기우어사 유약전정자
然。鄉人至今傳說以爲西土異事。戊戌之去甲子。
연 향인지금전설이위서토이사 무술지거갑자
亦已三十有五歲。則其間人事之變遷者。不啻若風
역이삼십유오세 즉기간인사지변천자 불시약풍
瀾之翻覆耳。不肖今以皂蓋之行。重尋舊寓之地。
란지번복이 불초금이조개지행 중심구우지지
某邱某水。宛若昔歲爰居爰處稍異。舊制懸板題
모구모수 완약석세원거원처초이 구제현판제

詠。 亦爲亂中所失。 而草草傳寫於壁上。 莊誦愴
영 역위란중소실 이초초전사어벽상 장송창

咽。不覺泣涕之旡。從兹敢不避辭拙。伏次遺韻。
인 불각읍체지기 종자감불피사졸 복차유운

一以伸追慕之至情。一以眎後裔之過者云爾。
일이신추모지지정 일이시후예지과자운이

가정(嘉靖) 신유년(辛酉年, 1561년)에 조부(祖父) 국형(國馨)께서 벼슬이 없는 몸으로 장인을 따라 순안(順安)의 부임지를 오가면서[10], 고을 사람들과 많이 알게 되셨다. 만력(萬曆) 계사년(癸巳年, 1593년)에 이르러 선조(宣祖) 임금님이 서쪽으로 난을 피해 옮기셔서 청계관(淸溪館)[11]에 머무르셨는데, 조부(祖父) 국형(國馨)께서는 그해에 충청도 관찰사에서 파직되어, 추도(楸島)의 우공(禹公) 벽(璧)의 집에 머무셨으니, 그곳이 행궁(行宮)과 가까운 곳이었기 때문이다. 또 천계(天啓) 갑자년(甲子年,

10 가정(嘉靖)……오가면서 : 가정(嘉靖) 신유년(辛酉年)은 명나라 11대 황제 세종(世宗) 가정제(嘉靖帝) 40년으로 조선 명종(明宗) 16년 1561년이다. 그런데 이 기록이 앞의 「기실(記實)」에서는 가정(嘉靖) 경신년(庚申年)에 장인 조수(趙琇)를 따라 순안(順安) 임소에 간 것으로 되어 있다.

11 청계관(淸溪館) ; 이화정(梨花亭)과 함께 임진왜란 당시 선조가 행궁(行宮)으로 사용했던 건물로 영유(永柔)에서 순안(順安)으로 가는 남쪽 큰길가에는 객사인데, 청계(淸溪)는 영유현의 옛 이름에서 유래한 것이다.

1624년)에 부친(父親) 의립(毅立)께서 원접사(遠接使)의 명을 받고 서쪽으로 관문(關門) 밖을 나가서서 해를 넘길 정도로 먼 곳에서 오래 머물다가 병이 들어 몹시 위중해지셨으니 온 가족이 약시중을 들기 위해 가서 우공 아들의 집에 머물렀다. 이에 두 세대에 걸쳐 각각 시 한 수씩을 남겨 현판에 새겨 당(堂)의 벽에 걸어 그 사실을 기록하였다.

지난 갑오년(甲午年, 1654년) 말에 내가 세 고을의 수령이 되었는데, 아성(牙城)[12]과 안정(安定)[13] 사이는 이틀도 채 되지 않는 거리이지만, 공 · 사적(公私的)으로 복잡한 일이 연이어 일어나 해가 네 번 바뀌었으나 한 번도 가 보지 못하고 다만 예전 주인의 아들이나 손자들과 다른 곳에서 만날 뿐이었다.

아! 신유년(1561년)에서 계사년(1593년)까지, 계사년에서 갑자년(1624년)까지의 거리가 모두 30여 년 간격인데, 두 세대가 이곳에 머문 것이 마치 이전에 미리 정해진 것이 있는 것 같았으니, 이곳 사람들이 지금까지도 서쪽 지방의 기이한 일이라고 이야기를 전하고 있다. 무술년(戊戌年, 1658년)[14]은 갑자년(甲子

12 아성(牙城) : 함종현(咸從縣)으로 지금의 평안남도 증산군 함종리 일대를 말한다.

13 안정(安定) : 순안(順安)의 다른 명칭이다.

14 무술년(戊戌年) : 효종 15년으로 1658년이니, 1624년 갑자년

年)으로부터 거리가 또 이미 35년이 지났으니, 그 사이 세상일의 변화는 풍랑이 뒤집힐 듯할 뿐만이 아니었다.

내가 이제 지방관[15]으로 순시하면서 옛날 머물렀던 곳을 다시 찾아보니, 어느 언덕 어느 물은 옛날과 같으나, 그곳에 거하고 그곳에서 살던 사람들은[16] 옛날과 조금 달라졌으며, 현판으로 걸어놓은 시들도 난리 중에 잃어버리고 그저 벽에 대충 베껴놓았으니, 소리 높여 읽고는 나도 모르게 눈물을 흘리고 목이 매였다.

이로부터 감히 글솜씨가 부족하다고 사양하지 않고 선대의 시에 차운하였으니, 하나는 추모하는 지극한 정을 드러내기 위해서이고, 하나는 이곳에 들르는 후손들에게 보이기 위해서이다.

으로부터 35년 뒤가 된다.

15 지방관 : 원문의 조개(皂蓋)는 검은색의 수레 덮개라는 말로, 지방 장관을 가리킨다. 『후한서(後漢書)』 권39 「여복지(輿服志)」 상에 "중 2,000석과 2,000석은 모두 수레 덮개를 흑색으로 한다[中二千石, 二千石皆皂蓋]."라고 하였다.

16 그곳에……사람들은 : 원문의 원거원처(爰居爰處)는 『시경(詩經)』 「소아(小雅)」 〈사간(斯干)〉 장에 "여기에서 편안히 거하고 저기에서 편안히 처하며 여기에서 즐거이 웃고 저기에서 즐거이 말하네[爰居爰處, 爰笑爰語]."라고 한 구절에서 나온 것이다.

百年人事日俱生 백년인사일구생
說盡悲歡夜向明 설진비환야향명
望裏山河容一樣 망리산하용일양
座間賓主世三更 좌간빈주세삼경
淸塗賁趾嗟難繼 청도비지차난계
孤露餘懷鬱未平 고로여회울미평
兩首遺編留半壁 양수유편류반벽
效嚬和淚寫中情 효빈화루사중정

- 戊戌元月下浣 尹世獻 무술원월하완 윤세헌

백 년 인간사에 날마다 일 생기니
기쁘고 슬픈 일 다 말하자면 날이 샐 것이고
보이는 저 산하(山河)는 그 모습 한결같지만
좌중의 손님 주인 세대 세 번 바뀌었으니
벼슬길과 은거한 삶[17] 아아 잇기 어려워

17 벼슬길과 은거한 삶: 원문의 청도(淸塗)는 청귀(淸貴)한 길로, 좋은 벼슬길을 말하고, 비지(賁趾)는 군자의 덕을 가지고 있으면서 높은 자리에 나아가지 않고 초야에 묻혀 자신의 행실을 닦는다는 말로, 『주역(周易)』「비괘(賁卦)」 초구(初九)에 "발을 꾸밈이니, 수레를 버리고 걸어간다[賁其趾, 舍車而徒]."라고 하였는데, 그 상(象)에 "수레를 버리고 걸어가는 것은 의리상 수레를 탈 수

외로운 후손 가진 마음 답답하여 편치 않은데
두 분의 남긴 시가 벽 반쯤에 남았으니
흉내 내고 눈물 흘리며 마음속 정을 쏟아보네.
- 무술년(戊戌年, 1658년) 정월(正月) 하순(下旬) 윤세헌

없어서이다[舍車而徒, 義弗乘也]."라고 하였다.

6 世事悠悠感恨生 세사유유감한생
百年遺跡壁間明 백년유적벽간명
當時編什猶傳誦 당시편십유전송
中歲悲懽各變更 중세비환각변경
忝列西關一行吏 첨열서관일행리
回瞻北闕五雲平 회첨북궐오운평
孱孫幸得追先烈 잔손행득추선렬
賡和何堪愴古情 갱화하감창고정

–辛亥秋 价川郡守 尹以益 신해추 개천군수 윤이익

세상일 하고많아 한만 자꾸 생기지만
백 년 전에 남긴 자취 벽 사이서 환하여
그 당시 지은 시가 외려 아직 전하니
중간중간 기쁨 슬픔 각각 바뀌어 왔어도
평안도 가는 관리 일행 그 사이에 끼어
대궐 나직이 깔린 오색구름 되돌아보며
못난 후손 다행히도 선조 추모할 수 있으니
화답시 지으며 어떻게 옛날 그리운 정 견디나.

–신해년(辛亥年, 1671년) 가을 개천군수 윤이익

7 躬尋舊館感偏生 궁심구관감편생
手奉遺篇眼忽明 수봉유편안홀명
世序祖曾孫四系 세서조증손사계
年華辛癸甲三更 년화신계비삼경
當時爲取行朝近 당시위취행조근
賀什旋教賊祲平 하십선교적침평
撫事依然追慕地 무사의연추모지
壁間陳跡最傷情 벽간진적최상정

-己巳春 平安道觀察使 尹以濟 기사춘 평안도관찰사 윤이제

옛날 그 당 찾아오니 감개 온통 일어나고
남긴 시편 받들어 보며 눈이 홀연 밝아지니
세대 순서 증조 조부 손자 사대 이어지고
시대는 신유 계사 갑자 세 번 바뀌었지만
당시 계셨던 곳 행재소 근처였고
축하 시는 곧바로 도적 요기 평정했으니
지난 일 추억하며 의연히 추모하는 곳
벽 사이 묵은 자취에 너무나 마음 아프네.

-기사년(己巳年, 1689년) 봄 평안도 관찰사 윤이제

8 先蹟瞭然感後生 선적료연감후생
奎宮璇月證分明 규궁선월증분명
還南簪紱花千甲 환남잠불화천갑
拱北星辰夜幾更 공북성신야기경
喬木春陰同雨露 교목춘음동우로
蒲蘆至治囿昇平 포로지치유승평
難忘易記靑雲陌 난망이기청운맥
洛水東流悵望情 낙수동류창망정

- 禹台彥 우태언

선조 자취 역력하게 후손 감동시킴을
하늘[18]의 고운 달이 분명히 증명하니
남쪽 되간 재상님[19]은 화려한 수많은 세월 동안
북극성 향한[20] 뭇별로 어두운 밤 얼마나 지났나

---

18 하늘 : 원문의 규궁(奎宮)은 이십팔수(二十八宿) 중의 하나인 규성(奎星)으로, 이 별은 문장(文章)과 문운(文運)을 관장한다고 여겨졌다.

19 재상님 : 원문의 잠불(簪紱)은 고대 관원의 복식(服飾)인 머리 장식 비녀와 실로 만든 허리띠를 말하는 것으로, 현귀(顯貴)한 사람 혹은 높은 벼슬을 하는 사람이라는 뜻이다.

20 북극성 향한 : 원문의 공북(拱北)은 뭇별들이 북두성을 옹위

높다란 나무[21] 봄 그늘에 비와 이슬 고루 내리고
부들 갈대 지극한 다스림에[22] 태평세월 이뤘으니

하는 것처럼 신하가 임금을 모시는 것을 말하는데, 『논어(論語)』「위정(爲政)」편에 나오는 "덕정(德政)을 펴게 되면, 북두성이 가만히 제자리를 지키고 있어도 뭇별이 옹위하는 것처럼 될 것이다[爲政以德, 譬如北辰居其所, 而衆星共之]."라는 말에서 온 것이다.

21 높다란 나무: 원문의 교목(喬木)은 몇 대에 걸쳐서 크게 자란 나무라는 말로, 여러 대에 걸쳐 경상(卿相)을 배출한 명가(名家)를 이르는 말이다. 『시경(詩經)』「소아(小雅)」〈벌목(伐木)〉장에 "나무 찍는 소리 쩡쩡 울리고, 새들은 재잘재잘 즐겁게 노래하네. 깊은 골에서 훌쩍 날아서는, 높은 나무 위로 자리를 옮겨 앉네. 재잘재잘 즐겁게 노래하는 새들이여, 서로들 벗을 구하는 소리로다[伐木丁丁, 鳥鳴嚶嚶 出自幽谷, 遷于喬木, 嚶其鳴矣, 求其友聲]."라고 하였고, 『맹자(孟子)』「양혜왕(梁惠王)」에 "고국이란 대대로 커서 높이 치솟은 나무가 있다는 말이 아니요, 대대로 신하를 배출한 오래된 집안이 있다는 것을 의미한다[所謂故國者, 非謂有喬木之謂也, 有世臣之謂也]."라는 말이 나온다.

22 부들……다스림에 : 원문의 포로(蒲蘆)는 부들과 갈대를 말하는데, 이들은 본래 잘 나고 잘 자라므로, 정치(政治)를 하기 쉬운 것을 비유할 때 많이 쓰인다. 『중용(中庸)』 20장에 노(魯)나라 애공(哀公)이 정체에 대해 물었을 때 공자(孔子)가 이르기를, "인도(人道)는 정치에 빠르게 나타나고 지도(地道)는 나무에 빠르게 나타나는데, 대체로 정치란 나무보다 더 잘 자라는 포로(蒲蘆)와 같

잊기 어려워 쉬 기억하는 건 푸른 구름[23] 낀 길이나
낙수는 동으로 흘러만 가 서글피 바라만 보네.

– 우태언

은 것입니다[人道敏政, 地道敏樹, 夫政也者, 蒲盧也].”라고 한 데서 유래하였다. 이후 훌륭한 임금이 정치를 하면 그만큼 정치가 빨리 행해짐을 의미한 말로 많이 쓰인다.

23 푸른 구름 : 원문의 청운(靑雲)은 푸른색 구름으로, 푸른색의 구름이 어두운색의 구름보다 높이 떠 있는 것에서 높은 지위나 벼슬을 비유적으로 이르는 말로 쓰인다.

9 峽裏辛勤見禹生 협리신근견우생
吾先遺蹟說分明 오선유적설분명
百年交契雲仍續 백년교계운잉속
千里關河歲月更 천리관하세월경
愧我孱孫成老大 괴아잔손성노대
看君一面亦生平 간군일면역생평
山高水濶蒼茫地 산고수활창망지
對塌依依話舊情 대탑의의화구정

– 尹應漢 윤응한

골짜기 안 온갖 고생 속 우생을 만나니
우리 선조 남긴 자취 그 이야기 분명하고
백 년 좋은 교분 후손이 이어가나
천리 산과 강에 세월은 바뀌기만
못난 후손 늙어가는 것 부끄럽다가
그대 만나 또다시 편안해짐을 보고
산 높고 물 넓은 이 아득한 곳에서
마주하여 아득하게 옛정을 이야기하네.

– 윤응한

10 憶昔光價倍今生 억석광가배금생
日月涒灘際聖明 일월군탄제성명
舊舘華編連四系 구관화편연사계
行宮仙夢繞三更 행궁선몽요삼경
洛雲軒冕應需世 낙운헌면응수세
衢月歌謠老泰平 구월가요노태평
一路天何南北限 일로천하남북한
松菴獨樹遠含情 송암독수원함정

– 禹宗堯 우종요

그 옛날의 광채와 값 지금의 곱절임을 떠올리니
군탄의 그 시절에 성군의 지우를 만난 거지
묵은 집의 좋은 시는 네 세대를 이어가고
행궁의 신선 꿈은 삼경을 휘감는데
서울의 높은 벼슬[24] 세상 쓰임에 응한 것이고

24 서울의 높은 벼슬: 원문의 낙운(洛雲)은 서울의 구름을 말하는 것으로 낙(洛)은 서울을 의미하는 낙양(洛陽)에서 온 것이다. 두보가 성도에 있을 때 지은 〈운산(雲山)〉이라는 시에 "서울은 구름 낀 산 너머에 있으니, 소식 전하는 글도 전혀 오지 않아, 서울을 노래한 시인들을 정신으로 사귀며, 고향을 바라보는 것에 힘을 다해 오르노라[京洛雲山外, 音書靜不來, 神交作賦客, 力盡望鄉

달빛 속[25]의 노래 소리 태평세월 무르익었으니
한 길뿐인 하늘이 어찌 남북 한하겠나
솔숲 정자의 외로운 나무만 아득한 정을 머금네.

- 우종요

臺].”라는 구절이 나온다. 원문의 헌면(軒冕)은 수레와 면류관이라는 말로, 관작과 봉록 등 높은 벼슬을 뜻하는데, 『장자(莊子)』 「선성(善性)」에 “헌면이 몸에 있는 것은 본래 성명처럼 내 몸에 있는 것이 아니고, 외물이 뜻밖에 우연히 와서 잠시 붙어 있는 것이다[軒冕在身, 非性命也, 物之儻來寄也].”라는 말이 나온다.

25 달빛 속 : 원문의 구월(衢月)은 천구월색(天衢月色)으로 하늘에 떠 있는 달빛을 말한다.

11 賓主何年併世生 빈주하년병세생
扈車賁跡尙分明 호거분적상분명
新交不道時翻覆 신교부도시번복
故誼難忘歲換更 고의난망세환경
張室若非朋范子 장실약비붕범자
魏家無乃客陳平 위가무내객진평
尹公有意堂名揭 윤공유의당명게
繩武遺孫共感情 승무유손공감정

-前察訪 李松心 전찰방 이송심

손님 주인 어느 해 한세상을 살아갔나
수레 따르며 감춘 자취 아직도 분명한데
새로운 교분 말하지 못한 채 때는 뒤집혀 가고
오랜 우의 잊지 못해도 해는 바뀌어 가니
장소(張劭)에게 범식(范式)이란 친구 없는 것 같고[26]

---

26 장소(張劭)에게……같고 : 원문의 장실(張室)과 범자(范子)는 후한(後漢) 때의 사람 범식(范式)은 장소(張劭)를 말한다. 두 사람은 절친한 사이였고 서로 신의가 돈독했다. 범식의 자(字)는 거경(巨卿)이고, 장소의 자는 원백(元伯)이다. 『후한서(後漢書)』 권81 「독행열전(獨行列傳)」에 따르면, 원백이 병이 들었을 때 친한 친구 두 사람이 밤낮으로 곁에서 간호하였는데, 원백이 죽을 때에 탄식하기를, "내가 나의 사우(死友)를 보지 못하고 죽는 게 한스럽

위나라에 진평 같은 나그네 없는 듯하지만[27]
윤공께서 뜻을 두고 당의 이름 거셨으니
뒤를 이은[28] 후손들이 모두 그 마음 함께 하네.
-전 찰방 이송심

다."라고 하자 친구가 말하기를, "우리가 마음을 다하여 그대 곁에 있는데 우리가 사우가 아니겠는가. 다시 누구를 찾는가?"라고 하니, 원백이 답하기를, "그대들은 나의 생우(生友)일 뿐이다. 범거경(范巨卿)이 나의 사우이다."라고 하였다. 원백이 죽은 뒤 거경의 꿈에 원백이 나타나서, 아무 날에 죽어서 아무 날에 저승으로 간다고 일러 주었다. 거경은 상복을 입고 장례 날짜에 늦지 않으려고 경황없이 달려갔다. 그 즈음에 원백의 상여가 묘소에 이르렀는데 하관(下棺)을 하려 하자 상여가 움직이지를 않았다. 얼마 뒤 거경이 흰 수레에 흰말을 몰고 달려와서 원백의 영구 앞에서 조문하기를, "원백이여, 이제 떠나시게나. 죽음과 삶의 길은 다르니, 이것으로 영영 이별이구나."라고 하면서 상여 끈을 잡고 이끄니 그제야 비로소 상여가 움직였다고 한다.

27 위나라에……듯하지만 : 진평(陳平)은 위(魏)나라 양무현(陽武縣) 호유향(戶牖鄕) 사람으로, 가난한 집안에 태어나 황로학(黃老學)을 익히고 진(秦)나라 말기 농민 봉기 후에 위왕(魏王) 구(咎), 항우, 유방을 차례로 모시며 책사(策士)로 활동하고 한나라 때도 여후(呂后)가 전횡한 시기만 빼고는 혜제(惠帝) · 문제(文帝)를 모시며 조정의 중신(重臣)으로 활동한 인물이다.

28 뒤를 이은 : 원문의 승무(繩武)는 삼[麻]줄을 둘러서 만든 관(冠)의 둥그런 테두리와 아래로 늘어뜨려서 턱 아래에 묶는 기다란 끈을 말하는데, 이후 후손이 선조를 계승한다는 뜻으로 사용되었다.

12 仰瞻扁額感懷生 앙첨편액감회생
往蹟昭昭壁上明 왕적소소벽상명
交契美哉連世續 교계미재연세속
光陰倏爾幾年更 광음조이기년경
欲承舊誼人何遠 욕승구의인하원
追慕先聲意未平 추모선성의미평
最恨遺孫俱瑣尾 최한유손구쇄미
賡詩一律愴心情 갱시일률창심정

– 禹頣彙 우신휘

편액을 우러러보니 감회 일어나는데
지난 자취 환하게 벽 위에서 빛나니
사귄 정분 아름답구나 대를 이어 이어지고
세월은 길기도 해라 몇 해나 지났는가
옛 우의를 이으려 해도 그대 얼마나 멀리 있고
선조 명성 추모하려 해도 그 뜻 펼치지 못하니
가장 한스러운 건 후손 모두 떠도는 거니[29]

29 떠도는 거니 : 원문의 쇄미(瑣尾)는 초라한 행색으로 타지를 떠도는 어려운 처지를 가리키는 말로, 『시경(詩經)』「패풍(邶風)」〈모구(旄丘)〉 장에 "초라하고 초라하여, 떠돌아다니는 사람이로다

화답시 한 편에 그 마음 서글프네.

- 우신휘

[瑣兮尾兮, 流離之子].”라고 한 데서 온 말이다.

13 月潭松韵兩先生 월담송운양선생
如水心交澹且明 여수심교담차명
百歲雲仍宜不變 백세운잉의불변
中間年代幾多更 중간년대기다경
問誰淸洛承華閥 문수청락승화벌
愧我窮鄕老泰平 괴아궁향로태평
願使后孫同貴顯 원사후손동귀현
重聯舊誼話新情 중연구의화신정

– 禹宗彙 우종휘

월담(月潭) 송운(松韵) 두 선생의
물 같은 마음의 교분 담담하고도 환하니
백 년 뒤의 먼 후손도 변하지 않는 게 당연하나
그 사이 시대가 수도 없이 바뀌었으니
누구에게 물어볼까 맑은 서울에서 화려한 가문 잇는 것을
부끄럽구나 곤궁한 시골에서 태평스레 늙는 것이
원하는 것은 후손들이 귀하고 현달함을 함께해서
옛 우의를 거듭 잇고 새로운 정을 이야기하는 거지.

– 우종휘

14 登軒想古感懷生 등헌상고감회생
君子澹交額以明 군자담교액이명
賢相西遊何日月 현상서유하일월
先人東易幾晨更 선인동역기신경
肯堂依舊經回祿 긍당의구경회록
佳句尙新詠泰平 가구상신영태평
不亦樂乎朋自遠 불역락호붕자원
接賓世誼厚風情 접빈세의후풍정

-李碩祚 이석조

당에 올라 옛일 생각하니 감회 일어나는데
군자의 담담한 교분 현판에 분명하니
어진 재상 서쪽 오신 게 언제쯤이고
선인께서 동쪽 가신 뒤 얼마나 지났나
이전 같은 새 당[30]은 화재[31] 거친 것이고

30 새 당 : 원문의 긍구(肯堂)은 긍구긍당(肯構肯堂)의 준말로, 『서경(書經)』 「대고(大誥)」에, "만약 아버지가 집을 지으려 작정하여 이미 그 규모를 정했는데도 그 아들이 기꺼이 당기(堂基)를 마련하지 않는데 하물며 기꺼이 집을 지으랴[若考作室, 旣底法, 厥子乃弗肯堂, 矧肯構]."라고 한 말에서 온 것으로, 자손이 선대의 유업을 잘 계승하는 것을 뜻한다. 여기서는 옛 당을 자손들이 중

지금도 새로운 좋은 시는 태평 읊은 것인데
또한 즐겁지 않은가 벗이 멀리서 찾아오니
손님 대하는 대 이은 교분 풍치 회포 두텁네
- 이석조

수(重修)한 것을 가리키는 것이다.

31 화재 : 원문의 회록(回祿)은 축융(祝融)과 함께 전설 속에 전하는 화신(火神)의 이름으로, 여기서는 화재를 말한다.

15 追慕先聲感後生 추모선성감후생

扁楣高處墨痕明 편미고처묵흔명

月潭往蹟詩猶在 월담왕적시유재

松韵遺風歲屢更 송운유풍세루경

留裔嗟遲承世誼 류예차지승세의

光陰許久閱昇平 광음허구열승평

猥將一律留賡和 외장일률유갱화

願得通家續舊情 원득통가속구정

– 禹昌謨 우창모

선인의 명성 그리워하니 후손 감회에 젖는데

높이 걸린 편액에 먹의 흔적 선명하니

월담공 지난 자취 시에 아직 남아 있고

송운공 남긴 풍모 세월은 몇 해나 지났나

흐르는 세월 속 남은 후손 대 이은 교의 이어가며

길고 긴 시간 속 태평세월 거쳐왔는데

외람되이 한 편의 화답시를 남기려니

집안끼리 알아서[32] 옛정 잇기를 원하는 거지.

– 우창모

---

32 집안끼리 알아서 : 원문의 통가(通家)는 양쪽 집안 식구들이

모두 서로 알고 지내는 사이를 말하는 것으로, 세교(世交)와 같은 말이다.

16 先世雅交感後生 선세아교감후생
光陰粤自我皇明 광음월자아황명
一千里外成賓主 일천리외성빈주
二百年來歎變更 이백년래탄변경
殘裔那堪孤露在 잔예나감고로재
虛堂空鎖暮烟平 허당공쇄모연평
悠悠往事傷心地 유유왕사상심지
何日重逢繼舊情 하일중봉계구정

- 禹圭海 우규해

선조들의 우아한 교분 후손 감동 시킨 것은
그 옛날 저 명나라 그때부터여서
일천 리 밖에서 손님 주인 이뤘는데
이백 년 지나서 바뀐 것 한스러우니
쇠잔한 후손 어찌 외로운 처지를 견딜 것인가
빈 당은 부질없이 엉긴 저녁 안개에 잠겼네
아득히 지난 일에 마음 상해 하나니
언제나 다시 만나 옛정을 이을까.

- 우규해

17 賢主嘉賓幸併生 현주가빈행병생
澹然交道煥然明 담연교도환연명
百年舊舘時多感 백년구관시다감
萬曆遺孫歲幾更 만력유손세기경
扈駕妖塵留賁蹟 호가요진유분적
譽髦聖世樂昇平 예모성세락승평
相承知遇眞奇事 상승지우진기사
猥以蕪辭寫盡情 외이무사사진정

- 楊轝 양여

어진 주인 훌륭한 손님 다행히 함께 태어나
담담한 교제의 도리 환하게 밝았으니
백 년 옛 당에 때로 감회 넘쳐나고
명나라 이후 후손들은 세월 수없이 바뀌었으나
전란 속에 임금님 수레 따르던 자취 남아 있어
태평성대의 훌륭한 선비 태평세월 즐거워하니
인정과 대우 잇는 것 참으로 기이한 일이라
외람되이 거친 말로 그 마음 다 옮겨 보네.

- 양여

18 松窩澹若有先生 송와담약유선생
爲問公家舊蹟明 위문공가구적명
前世瓊章連四系 전세경장연사계
後孫遺夢幾千更 후손유몽기천경
深交自是今袁炳 심교자시금원병
久敬何殊古晏平 구경하수고안평
賓主盛年同會席 빈주성년동회석
重修堂舘感時情 중수당관감시정

– 朴潤日 박윤일

소나무 정자 담담한 게 선생 계신 것 같아
묻노라 그대 집안 옛 자취가 환히 밝은가
앞 세대의 고운 시편 네 세대를 이어오고
후손에게 남긴 꿈이 수많은 시간을 거쳤으니
깊은 교분 지금의 원병[33] 바로 그와 같고
오랜 공경 그 옛날 안평[34]과 뭐 다르리

---

33 원병 : 원병(袁炳)은 중국 남조(南朝) 양(梁)나라의 문장가 강엄(江淹)의 벗인 원병을 말한다. 강엄의 「원우인전(袁友人傳)」에 원병과의 교제를 청운지교(青雲之交)라고 하였다.

34 안평 : 안평(晏平)은 안평중(晏平仲)을 말하는데, 안평중은 춘

손님 주인 자리 함께 하신 그 성대한 때가
당을 다시 세우니 그때의 마음에 느꺼워지네.

－박윤일

추 시대 제(齊)나라의 명상(名相)으로 영공(靈公), 장공(莊公), 경공(景公)을 차례로 섬긴 안영(晏嬰)이다. 『논어(論語)』「공야장(公冶長)」에 "안평중은 남과 잘 사귄 사람이다. 시간이 오래되어도 상대방을 여전히 공경하였으니[晏平仲善與人交, 久而敬之]."라는 공자의 말이 나온다.

19 千里關山暮靄生 천리관산모애생
文虹燁燁眼中明 문홍엽엽안중명
當時舘席深相敬 당시관석심상경
歷世堂楣久不更 역세당미구불경
海色如今當檻淨 해색여금당함정
山形依舊入簾平 산형의구입렴평
抃和先帖因風寄 변화선첩인풍기
白首那堪愴慕情 백수나감창모정

-前主事 尹承圭 전주사 윤승규

천 리 먼 변방 산에 저녁노을 일어나
오색 무지개 빛나서 눈앞이 환하니
당시 이 자리에서 깊이 서로 공경했고
대대로 당의 현판 오래돼도 안 바뀌어
지금까지 바다색은 난간 앞에 깨끗하고
예처럼 산 모습은 주렴 들어 나직해서
선인 시의 화답시를 바람결에 부치니
흰머리로 어떻게 그리는 마음을 견디나.

-전 주사 윤승규

20 先蹟欲言感且生 선적욕언감차생
澹交堂額自分明 담교당액자분명
有水永情人寂寞 유수영정인적막
憑詩相歎事移更 빙시상탄사이경
膽傾千里京鄉合 담경천리경향합
月照方塘今古平 월조방당금고평
鷰去鴻來無限日 연거홍래무한일
承承不替兩家情 승승불체양가정
－滄洲 禹永冀 창주 우영기

지난 자취 말하려 하니 감회 또 이는데
당교당 현판만은 제 저절로 분명하니
물 같은 끝없는 정에도 사람은 적막해지고
시에 기대 부른 노래에도 일은 변해 가지만
마음 기울인 천리 거리 서울 시골 합하고
달 비추는 각진 못은 예나 지금 잔잔하니
제비 가고 기러기 오는 무한한 시간 동안
잇고 이어 안 바뀌는 건 두 집안의 정이지.
－창주 우영기

21 翹首西天感慕生 교수서천감모생
奎華一點此中明 규화일점차중명
暫遭崑火能超出 잠조곤화능초출
不逐滄桑遂變更 불축창상수변경
軒外靑山棋勢列 헌외청산기세열
門前秋水鑑心平 문전추수감심평
摩挲遺帖終難忘 마사유첩종난망
這是吾家世好情 저시오가세호정

-尹曾圭 윤증규

서쪽 하늘 우러러보니 그리움만 이는데
규성(奎星)35 한 별이 그 속에서 환하니
잠시 겪은 화재도 뛰어넘을 수 있어
상전벽해36 쫓지 않고 변화를 이뤘으니

---

35 규성(奎星) : 하늘에 있는 이십팔수(二十八宿)의 별자리 중 열다섯째 별자리에 있는 별을 말한다. 입하절(立夏節)의 중성(中星)으로 서쪽에 위치하는데, 문운(文運)을 맡은 별로서 이 별이 밝으면 천하가 태평하다고 한다.

36 상전벽해 : 원문의 창상(滄桑)은 상전벽해(桑田碧海)를 말하는데, 상전벽해는 뽕나무밭이 변하여 푸른 바다가 된다는 뜻으로, 세상일의 변천이 심함을 비유적으로 이르는 말이다.

추녀 너머 푸른 산은 바둑판처럼 펼쳐져 있고
문 앞의 가을 물은 마음을 비출 듯 잔잔하네
남기신 시편 매만지며 끝내 잊기 어려우니
여기가 바로 우리 집안 대대로 좋은 정 이은 곳이지.

- 윤증규

22 兩家先誼國初生 양가선의국초생

十世如今再講明 십세여금재강명

邂逅當年琴一曲 해후당년금일곡

中間消息月三更 중간소식월삼경

澹交堂上斷雲合 담교당상단운합

楸島村前春草平 추도촌전춘초평

風雨非常人不測 풍우비상인불측

慇懃向後更傷情 은근향후갱상정

- 禹在淵 우재연

두 집안 선대의 우의 이 나라 초기에 맺어서

열 세대를 지금처럼 거듭거듭 밝혔으니

마주한 지금 이 해를 거문고 한 곡조에 실어 보면

그 중간의 소식은 달이 삼경에 걸릴 정도라

담교당 그 위의 끊어진 구름도 합하고

추도 마을 앞에는 봄풀도 가지런하니

비바람 고르지 않아 사람 예측 못 하지만

은근하게 후손 향해 서글픈 마음을 더하네.

- 우재연

23 夢裏關雲歷歷生 몽리관운력력생

遙知堂額舊扁明 요지당액구편명

舘中膠漆當時合 관중교칠당시합

庭下芝蘭屢世更 정하지란루세경

石砌逈臨流水穩 석체형림류수온

茅簷高與遠山平 모첨고여원산평

兩家三百年間誼 양가삼백년간의

付梓今朝式表情 부재금조식표정

-前觀察使 尹喆圭 전관찰사 윤철규

꿈속에서 변방 구름 또렷하게 일어나

멀리서도 당 현판의 옛 시 분명히 알겠으니

집 안의 우정은 그 당시와 합하고

뜰 아래 지초 난초[37] 몇 세대를 거쳤으며

37 지초 난초 : 원문의 지란(芝蘭)은 지초와 난초이다. 『공자가어(孔子家語)』에 "선(善)한 사람과 함께 지내면 마치 지란(芝蘭)이 있는 방에 들어간 것과 같아 그 향기는 못 맡더라도 오래 지나면 동화된다[與善人居, 如入芝蘭之室, 久而不聞其香, 卽與之化矣]."라고 하였는데, 이 말에서 벗 사이의 높고 맑은 사귐을 이르는 지란지교(芝蘭之交)라는 말이 나왔다. 지란지교는 어진 벗과 사귀면 자기도 모르는 사이 그 영향으로 어질게 된다는 뜻이다.

섬돌은 저 멀리 잔잔히 흐르는 물을 마주하고
처마는 저 높이 나직한 먼 산과 함께 하네
두 집안 삼백 년 간의 우의를
오늘 아침 간행하는 책으로 그 마음을 보이네.

-전 관찰사 윤철규

24 先契深深感後生 선계심심감후생
澹堂顔色自分明 담당안색자분명
路途遠亦心尤近 노도원역심우근
年代久猶誼不更 연대구유의불경
臨門樹老山同碧 임문수로산동벽
隔軒野虛水共平 격헌야허수공평
棟楣如古人安在 동미여고인안재
把筆愴然强寫情 파필창연강사정

– 禹永升 우영승

선인의 교분 깊고 깊어 후손 감동 시키는 것이
담교당의 안색에 절로 분명하니
길은 멀고 멀어도 마음 더욱 가깝고
시대 오래되어도 외려 우의 변치 않아
문 마주한 나무 늙어 산과 같이 푸르고
당 저 너머 들은 비어 물과 함께 펼쳤는데
용마루 처마 옛 같지만 사람은 어디 계신가
붓을 쥐고 서러워 억지로 그 마음 써보네.

– 우영승

25 韋杜家中有後生 위두가중유후생
先人交誼話來明 선인교의화래명
遺痕只有雲千里 유흔지유운천리
佳句猶傳月五更 가구유전월오경
樹暎堂楣秋日淨 수영당미추일정
山圍島邑暮烟平 산위도읍모연평
今朝刊稿誠非偶 금조간고성비우
聊表源源十世情 료표원원십세정

- 前敎員 尹貞圭 전교원 윤정규

위씨 두씨 두 집안에[38] 후손이 있으니
선조들의 교의가 이야기에 분명하지만
남기신 흔적은 다만 천리에 낀 구름에 있고

---

38 위씨……집안에 : 원문의 위두가(韋杜家)는 중국 당나라 때에 대대로 귀현(貴顯)했던 위씨와 두씨의 두 집안을 가리키는 말이다. 당나라 때 두씨와 위씨 중에 대대로 현귀(顯貴)한 자가 나와 명문 대족(名門大族)이 되었는데 이들의 세거지(世居地)가 장안성(長安城)의 남쪽에 있었다. 그래서 『신씨삼진기(辛氏三秦記)』에 당시 사람들이 "성남의 위두는 하늘과의 거리가 한 길 반이다[城南韋杜, 去天尺半]."라고 했다는 기록이 나온다. 여기서 위씨와 두씨는 윤씨와 우씨 가문을 말한다.

좋은 구절은 외려 오경의 달빛에 전할 뿐이라
나무 그림자 비치는 당 현판에는 가을 해가 맑기만 하고
산이 두른 추도 마을은 저녁연기 내리깔렸으니
오늘 아침 간행한 책은 진실로 우연 아니라
끝없이 이어진 열 세대 그 정을 드러내는 것이지.

-전 교원 윤정규

26 龍蛇當年交誼生 용사당년교의생
方塘霽月至今明 방당제월지금명
堂古千秋人已去 당고천추인사거
壁留餘韵歲幾更 벽류여운세기경
洛水歸雲魂夢惱 낙수귀운혼몽뇌
楸村落日暮烟平 추촌낙일모연평
但願來來相戒勉 단원래래상계면
勿替兩家永好情 물체양가영호정
前主事 禹敬祚 전주사 우경조

임진왜란 그 시기에 만들어진 교분이
못에 비친 밝은 달에 아직까지 환한데
당은 묵어 수많은 세월 사람은 벌써 가버리고
벽에 있는 남은 시들 해는 또 얼마나 지났나
낙수의 되가는 구름에 꿈속 혼이 애태우고
추촌의 지는 해에 저물녘 연기 엉겨드니
다만 원하는 건 두고두고 서로 권면하고 경계하여
두 집안 영원한 우호의 정을 변치 않는 거지.
–전 주사 우경조

27 西望關河百感生 서망개하백감생
遙知寶墨揭堂明 요지보묵게당명
主人家訓傳相守 주인가훈전상수
吾祖詩篇賴不更 오조시편뢰불경
故國春深芳草遠 고국춘심방초원
行宮月落暮烟平 행궁월락모연평
幾時到得紗籠下 기시도득사롱하
展此雲孫孺慕情 전차운손유모정

-前直員 尹商鉉 전직원 윤상현

서쪽 변방 산하 보니 온갖 감회 일어나
보배로운 시들이 당에 걸려 환함을 멀리서도 알겠네
주인은 집안의 가르침 전하여 서로 지켜서
우리 선조 시들이 여기에 힘입어 그대로이니
고향의 봄 깊어도 고운 풀들은 아득했었고
행궁의 달이 지니 저물녘 연기 엉겼었는데
어느 때나 걸린 시[39] 그 아래에 와서

39 걸린 시 : 원문의 사롱(紗籠)은 벽사롱(碧紗籠)으로, 옛날 귀인과 명사가 지어 벽에 걸어놓은 시문을 청사(靑紗)로 덮어서 오래도록 보존하며 존경의 뜻을 표한 것을 말하는데, 여기서는 담교

이 먼 후손의 그리는 정[40]을 펼쳐보려나.

-전 직원 윤상현

당에 현판으로 걸려 있는 선조들의 시를 말한다.

40 그리는 정 : 원문의 유모(孺慕)는 어린아이가 부모를 그리듯이 선조를 사모하는 것을 말한다.

28 先人交契屆吾生 선인교계계오생
今日斯堂復講明 금일사당부강명
古壁風餘詩尙在 고벽풍여시상재
踈簾月上世頻更 소렴월상세빈경
但將琴韵長相和 단장금운장상화
莫謂釖心有不平 막위검심유불평
塵事蒼茫春寂寞 진사창망춘적막
落花啼鳥惱人情 낙화제조뇌인정

– 禹興燮 우흥섭

선인들의 고운 교분 내 생까지 이어져
오늘 이 당에서 다시 밝혀보는데
묵은 벽엔 풍취 남아 시 아직 그대로나
성긴 발 위 달 떠올라 세상 자주 바뀌지만
거문고 곡조 가져다가 길이 서로 화답할 뿐
칼 같은 마음 불평함 있다 말하지 말게
세상일 아득하여 봄도 적막하니
지는 꽃 우는 새가 사람 마음 괴롭히네.

– 우흥섭

29 先世遺風感後生 선세유풍감후생
尙存手澤自分明 상존수택자분명
相思后裔雲千里 상사후예운천리
孺慕先人夢五更 유모선인몽오경
百世敢忘同患難 백세감망동환난
兩家惟願共昇平 양가유원공승평
摩挲賡和紗籠帖 마사갱화사롱첩
往事愴然不勝情 왕사창연불승정

-前主事 禹永觀 전주사 우영관

선인들의 남긴 풍모 후손 감동 시키니
아직 남은 선인의 시가 절로 분명하지만
후예를 생각하니 구름은 천 리 가득하고
선인을 그리워하니 꿈은 오경을 맴도는데
백 대 지난다고 환란 같이했음을 감히 잊겠나
두 집안 다 함께 태평세월을 원할 뿐
남기신 시에 화답하고 어루만져 보노라니
지난 일 서글퍼서 북받치는 마음 못 견디겠네.

-전 주사 우영관

30 脩阻關河老此生 수조관하노차생

澹堂顔色夢懸明 담당안색몽현명

紗籠古壁詩追慕 사농고벽시추모

株守仙庄世屢更 주수선장세루경

當年賓主靈如在 당년빈주영여재

宗國滄桑恨不平 종국창상한불평

圖存高義何辭謝 도존고의하사사

賡和新編永好情 갱화신편영호정

–正三品 前判事 尹庚圭 정삼품 전판사 윤경규

멀리 변방 산하에 막혀 늙은 이 생이지만

담교당 그 모습은 꿈에서도 환하여

현판 걸린 묵은 벽에서 시를 보며 추모하니

굳게 지킨[41] 신선 집은 세월 여러 번 바뀌었지만

41 굳게 지킨: 원문의 주수(株守)는 수주대토(守株待兎)를 줄인 말로 상황에 따라 변통할 줄 모르는 어리석음을 비유하는 말이다. 춘추 시대 송(宋)나라의 한 농부가 밭을 갈고 있었는데, 마침 토끼 한 마리가 달아나다가 밭 가운데 있는 나무 그루터기에 부딪혀 목이 부러져 죽자, 농부는 일손을 놓고 그루터기만 지켜보며 토끼가 다시 와서 죽기를 기다렸다는 고사에서 유래한 것으로, 주변이 없이 한 가지 일에만 얽매여 있는 어리석음을 비유적으로 이르는 말

그 당시 손님 주인의 영혼이 계신 듯하여
명나라[42] 바뀌어 버린[43] 한이 풀리지 않으니
보존하려는 높은 뜻을 무슨 말로 감사할까
새로운 시로 화답하며 좋은 정을 영원히 하려네.

-정삼품 전 판사 윤경규

이지만, 여기서는 담교당을 굳게 지켜왔다는 의미로 사용된 것이다.

42 명나라 : 원문의 종국(宗國)은 종주로 받드는 나라를 말하는 것으로 명(明)나라를 의미한다.

43 바뀌어 버린 : 원문의 창상(滄桑)은 창상지변(滄桑之變) 혹은 상전벽해(桑田碧海)를 가리키는 말로 바다가 밭으로, 밭이 다시 바다로 바뀌는 것처럼 세상이나 환경이 크게 바뀌는 일을 가리키는 말이다.

31 我祖君先併世生 아조군선병세생
襟期相照點犀明 금기상조점서명
拊帖賡和亭樹古 부첩갱화정수고
籠紗尊奉歲華更 농사존봉세화경
洞口雲晴流水遠 동구운청류수원
渡頭鳥下綠蕪平 도두조하록무평
臨風西望懷難抑 임풍서망회난억
寫得腸脾字字情 사득장비자자정

–前主事 尹炳鉉 전주사 윤병현

나의 선조 그대 선인 한 세상에 나셔서
한 마음[44]으로 서로 비춰 막힘없이[45] 환했으니

---

44 한 마음 : 원문의 금기(襟期)는 흉금(胸襟)이나 회포(懷抱), 지취(志趣)를 말한다. 두보(杜甫)가 광문관 박사(廣文館博士) 정건(鄭虔)에게 준 〈취시가(醉時歌)〉에 "날마다 태창에서 다섯 되의 쌀을 사서, 때때로 정노인 찾아 마음 함께한다네[日糴太倉五升米, 時赴鄭老同襟期]."라는 구절이 나온다.

45 막힘없이 : 원문의 점서(點犀)는 두 사람의 마음이 막힘없이 통하는 것을 말한다. 서각(犀角) 즉 무소의 뿔 안에 흰 줄 무늬가 앞뒤로 뚫려 있으므로, 마음이 서로 통하는 것을 비유할 때 "서각의 흰 줄 무늬가 한 방면으로 관통된 것 같다[犀一點通]."라고 한

현판 어루만지며 화답하는 속에 정자의 나무는 묵어가고
귀한 시를 높이 받드는 사이 세월은 바뀌어 가기만
골짝 어귀 구름 개니 흐르는 물은 아득하며
나루터에 새 앉으니 푸른 초원 펼쳐졌는데
바람 맞으며 서쪽 보니 감회 누르기 어려워
그 마음을 옮겨내노라니 글자마다 정이로구나.

-전 주사 윤병현

다.

32 信誓當年同死生 신서당년동사생
至今遺蹟自分明 지금유적자분명
天涯一角心常近 천애일각심상근
滄海三桑誼不更 창해삼상의불경
每依欄干多曠感 매의난간다광감
且將書幅報安平 차장서폭보안평
考堂子室傳相戒 고당자실전상계
莫學時人朝暮情 막학시인조모정

-秋圃 禹永翼 추포 우영익

그 시절 진실한 맹세 생사를 같이했던
남은 자취 지금까지 절로 분명하니
하늘 저 끝 한 모퉁이 마음은 늘 가까웠고
푸른 바다 세 번 바뀌어도[46] 교분 변하지 않았으니
정자 난간 기댈 때마다 감회가 넘쳐나

46 세 번 바뀌어도: 원문의 삼상(三桑)은 세상의 큰 변화를 의미하는 말로, 『신선전(神仙傳)』에 선녀 마고(麻姑)가 왕방평(王方平)에게 이르기를, "접시(接侍)한 이래로 벌써 동해(東海)가 세 차례 상전(桑田)으로 변하는 것을 보았다."라고 한 것에서 온 말이다.

화담시[47]를 가지고 와 안정 평안을 알리니
어른 아이 모두 다 전해 서로 경계하여
세상 사람 아침저녁 바뀌는 정을 배우지 마라.
-추포 우영익

47 화답시 : 원문의 서폭(書幅)은 글씨를 써서 꾸민 천이나 종이의 조각을 말하는데, 여기서는 담교당에 걸린 시의 화답시를 말한다.

33 忽忽離合是浮生 홀홀이합시부생
寶帖隨時晦復明 보첩수시회부명
滄海滔天珠暗伏 창해도천주암복
崑山劫火玉無更 곤산겁화옥무경
黃花小砌三秋淨 황화소체삼추정
赤葉斜暉一望平 적엽사휘일망평
百世難忘惟舊舘 백세난망유구관
思君不見若爲情 사군불견약위정

–前判事 尹邦鉉 전판사 윤방현

순식간의 이별과 만남 이게 바로 뜬 인생이고
보배로운 시도 때를 따라 어둡다 다시 밝아지는데
짙푸른 바다[48] 하늘 닿아 보배 어둠에 묻혔으나
곤륜산 불길[49]에도 옥은 바뀌지 않았으니

48 짙푸른 바다 : 원문의 창해(滄海)는 동해(東海) 혹은 발해(渤海)를 가리키는 말로, 창해 안에 봉래(蓬萊)·영주(瀛洲)·방장(方丈) 등 삼신산(三神山)이 있다고 전해지는데, 여기서는 멀고 깊은 바다를 의미한다.

49 불길 : 원문의 겁화(劫火)는 말세에 일어나는 큰불이라는 뜻의 불교 용어로, 보통 병화(兵火)를 비유하는 말로 쓰이는데, 여기서는 담교당의 화재를 의미한다.

국화 핀 작은 섬돌 가을[50]이 깨끗하고
붉은 잎에 비낀 석양이 눈앞에 넓게 펼쳐져
백 대가 지나도 잊기 어려운 낡은 이 당만 있어
그리워해도 뵐 수 없으니 이 마음 어떻게 할까.

－전 판사 윤방현

50 가을 : 원문의 삼추(三秋)는 『시경(詩經)』 「왕풍(王風)」 〈채갈(采葛)〉장에 "하루만 못 보아도 삼추와도 같은 것을[一日不見, 如三秋兮]."이라는 말에서 온 것으로, 가을 석 달 또는 가을 석 달이 세 번 이어진 아홉 달이나 삼 년을 의미하는 말로 흔히 쓰이는데, 여기서는 그냥 가을이라는 의미로 쓰였다.

34 追想遺風感限生 추상유풍감한생
壁間扁額揭分明 벽간편액게분명
懷思漠漠雲千里 회사막막운천리
魂夢重重月五更 혼몽중중월오경
古宅尙存人寂寞 고택상존인적막
蒼山不變世昇平 창산불변세승평
承承舊誼來來事 승승구의래래사
爲賦荀蔬表好情 위부순소표호정

– 禹元燮 우원섭

남기신 풍모 떠올리니 한스런 마음 이는데
벽 사이 현판이 분명하게 걸렸으나
그리워해도 막막한 것이 천 리 구름 낀 것 같고
꿈속 혼도 겹겹이 막혀 오경에 뜬 달 같아
묵은 당은 남았지만 사람 자취 적막한데
푸른 산은 변하지 않고 세상도 태평하니
옛 교분을 잇고 잇는 것 오고 올 일로 삼아
맑고 고운[51] 시를 지어 우호의 정을 드러내네.

–우원섭

51 맑고 고운 : 원문의 순소(荀蔬)는 소순(蔬荀)을 말한다. 소순

은 채소와 죽순으로, 채소나 죽순만 먹고 육식(肉食)을 하지 않는 승려의 맑은 풍기(風氣)를 뜻한다. 방악(方岳)의 시에 "소순의 기가 있어 시는 더욱 좋아지고, 비단옷 입은 사람 없어 산은 다시 그윽하네[有蔬荀氣詩逾好, 無綺羅人山更幽]."라는 구절이 나온다.

35 讀來遺稿感懷生 독래유고감회생
字字如珠個個明 자자여주개개명
兩家苗裔零星在 양가묘예영성재
十世春秋悠忽更 십세춘추유홀경
隱居此地隨蔣仲 은거차지수장중
放逐何年繼屈平 방축하년계굴평
紅樹白雲孤島上 홍수백운고도상
也知片月獨含情 야지편월독함정

-前參尉 尹壽鉉 전참위 윤수현

남기신 시를 읽어보니 감회 일어나는데
한 자 한 자 보배 같아 하나하나 환하니
두 집안의 후예들 보잘 것 없이 남았고
열 세대의 세월이 어느덧 훌쩍 변했으나
이곳에서 은거하여 장후의 세 길[52] 따랐고

52 장후의 세 길 : 원문의 장중(蔣仲)은 장후(蔣詡)와 그의 친구 양중(羊仲)·구중(求仲)을 말한다. 『삼보결록(三輔決錄)』「도명(逃名)」에 서한(西漢)시기 말엽 장후(蔣詡)가 은거한 뒤 집 안 뜨락에 오솔길 세 개[三逕]를 만들어 놓고는 오직 양중과 구중 두 사람과만 교유하며 두문불출했던 이야기가 나온다.

그 어느 때 쫓겨나서 굴원[53]을 이었으니
단풍 숲 외로운 섬 그 위에 흰 구름 껴 있어
이제야 알겠네 한 조각 달만 홀로 정을 머금고 있다는 것을.

-전 참위 윤수현

---

53 굴원 : 원문의 굴평(屈平)은 춘추(春秋) 시대 초(楚)나라 대부(大夫) 굴원(屈原)을 말한다. 굴원은 초(楚)나라의 삼려대부(三閭大夫)로 있다가 조정에서 쫓겨났는데, 그의 〈어부사(漁父辭)〉에 "세상은 모두 혼탁한데 나만 홀로 맑고, 사람들 모두가 취했는데 나만 혼자 깨었는지라, 그래서 조정에서 쫓겨났다[擧世皆濁我獨淸, 衆人皆醉我獨醒, 是以見放]."라는 말이 나온다.

36 日上斯堂百感生 일상사당백감생
澹然交契水如明 담연교계수여명
往事忽焉人十世 왕사홀언인십세
後孫遙憶月三更 후손요억월삼경
映砌黃花秋氣淨 영체황화추기정
繞墻遠峀暮烟平 요장원수모연평
今朝遺帖刊行意 금조유첩간행의
千載相傳永好情 천재상전영호정

- 禹永夏 우영하

이 당 위로 해 떠오르니 온갖 감회 이는데
담담한 교분이 물처럼 빛나니
지난 일 어느덧 인간 세상 열 세대이고
후손 아득히 떠올리니 달은 벌써 삼경이라
섬돌에 비친 국화에는 가을 기운 깨끗하고
담장 두른 먼 산에는 저녁 안개 엉겼으니
오늘 아침 남기신 시를 간행하려는 뜻은
천 년 동안 전해왔던 고운 정을 영원히 하려는 거지.

- 우영하

37 虹月西天夜夜生 홍월서천야야생
卻看楣上筆花明 각간미상필화명
當年賓主深相得 당년빈주심상득
此日雲仍詎可更 차일운잉거가경
詩板染塵磨復拭 시판염진마부식
堂名取水澹而平 당명취수담이평
爲君多謝登刊意 위군다사등간의
端認吾家寔好情 단인오가식호정

–尹一淳 윤일순

서쪽 하늘 찬란한 달빛[54] 밤마다 일어나
문득 현판 위를 보니 필적이 꽃처럼 빛나는데
그 당시 손님 주인 깊이 서로 얻었던 것을
오늘날 먼 후손이 어찌 바꿀 수 있겠나
시 쓴 현판 먼지 앉아 닦고 또 닦아내고

54 찬란한 달빛 : 원문의 홍월(虹月)은 달이 환하게 빛나는 모습을 말한다. 중국 송나라의 미원장(米元章)이라는 사람이 이름난 서화(書畫)를 많이 모았는데, 그것을 배에 싣고 강으로 가니 밤에 광채가 뻗쳐 사람들이 이를 미가홍월선(米家虹月船)이라고 불렀다는 고사에서 온 것이다.

당 이름은 물을 써서 담담하고도 평안하니
그대에게 간행할 뜻을 수없이 감사드리는 것은
우리 집안 우호의 정을 참으로 알아주어서지.

- 윤일순

38 陟降不覺感懷生 척강불각감회생
念昔播遷忍說明 염석파천인설명
永好兩家風百世 영호양가풍백세
相思千里月三更 상사천리월삼경
敢忘先代同憂患 감망선대동우환
但願後孫共泰平 단원후손공태평
堂曰澹交深寓意 당왈담교심우의
不肖恐負古人情 불초공부고인정

－輔仁軒 禹永默 보인헌 우영묵

오르내리다 나도 모르게 감회 일어나지만
생각해보면 그 옛날 난리 피하던 일을 차마 말할 수 있겠나
두 집안의 영원한 우호 백 세대의 풍모 됐고
천 리 떨어져 그리워하니 삼경 달이 떠오르는데
선대의 우환 같이한 일을 감히 잊을 수 있겠나
후손들이 태평 평안 함께하기만을 바라니
담교라는 당 이름에 담긴 뜻 깊고 깊어
못난 후손 선인의 정을 저버릴까 두렵네.

－보인헌 우영묵

39 吾祖貞忠貫一生 오조정충관일생
行宮夜月夢中明 행궁야월몽중명
瓊章揭列家聲遠 경장게열가성원
灰燼經來屋制更 회신경래옥제경
絶塞寒雲通大漠 절새한운통대막
長河喬木老昇平 장하교목노승평
主人厚誼難忘却 주인후의난망각
把筆遲回强寫情 파필지회강사정

-委員 尹弘淳 위원 윤홍순

우리 선조 곧은 충정을 한 평생 이으셔서
행궁의 밤 달이 꿈에서도 환했으니
고운 시 드러내어 집안 명성 멀리 잇고
화재를 지난 뒤에 당의 규모 되살렸으니
먼 변방의 찬 구름이 드넓은 사막을 뚫고
긴 강 옆의 높다란 나무 태평세월에 늙어가
주인의 두터운 교분 잊기 어려워
붓을 쥐고 띄엄띄엄 힘겹게 마음을 써보네.

-위원 윤홍순

40 升堂不覺感懷生 승당불각감회생
舊日風光入眼明 구일풍광입안명
憶梅東閣春千古 억매동각춘천고
望美西天月五更 망미서천월오경
後孫繼續雲同起 후손계속운동기
先契澹如水共平 선계담여수공평
誰識個中無限意 수식개중무한의
一篇詩話兩家情 일편시화양가정

- 竹軒 禹允爕 죽헌 우윤섭

당에 오르니 나도 모르게 감회 일어나
그 옛날의 풍광이 눈에 들어 선명하니
매화 그리는[55] 동쪽 누각 봄은 수없이 지났고
미인 사모하는[56] 서쪽 하늘 달은 오경인데

55 매화 그리는 : 원문의 억매(憶梅)는 벗을 그리워하는 마음을 말한다. 두보(杜甫)의 〈입춘(立春)〉 시에 "봄날 봄 쟁반에 실같이 가는 생채를, 두 서울에서 매화 필 때 먹던 일 문득 추억하노라[春日春盤細生菜, 忽憶兩京梅發時]."라는 구절이 나온다.

56 미인 사모하는 : 원문의 망미(望美)는 임금을 그리워하는 마음을 말한다. 소식(蘇軾)의 「전적벽부(前赤壁賦)」에 "아득한 나의 회포여, 하늘 저 끝에 있는 미인을 그리도다[渺渺兮余懷, 望美人

후손 이어가니 구름 함께 일어나고
선대의 교분 담담하여 물과 같이 잔잔하니
누가 알리오 그 속에 끝없는 뜻 있어
한 편의 시로 두 집안 정을 말하고 있다는 것을.
-죽헌 우윤섭

兮天一方].”라고 한 데서 유래한 것이다.

41 澹交堂上月輪生 담교당상월륜생
猶似行宮舊夜明 유사행궁구야명
僑居鄭重賢爲主 교거정중현위주
繼述聯翩世亦更 계술연편세역경
西京柳色依依遠 서경류색의의원
古島楸陰漠漠平 고도추음막막평
君子澤深終不竭 군자택심종불갈
金蘭百代誦歡情 금란백대송환정
-教員 尹興淳 교원 윤흥순

담교당 그 위로 둥근 달 떠올라
행궁 그 옛날 밤처럼 환히 밝으니
거처는 정중하여 어진 이가 주인 되고
이은 시는 끊임없이 세대를 바꾸어가니
서경의 버들 빛은 무성히 아득 이어지고
묵은 섬의 개오동 그늘 짙디짙게 엉겨 있어
군자의 은택 깊어 끝내 마르지 않으리니
백 세대의 금란지교[57] 그 기쁜 정을 노래하네.
-교원 윤흥순

57 금란지교 : 원문의 금란(金蘭)은 단단하기가 황금(黃金)과 같

고 아름답기가 난초(蘭草) 향기(香氣)와 같은 사귐을 의미하는 금란지교(金蘭之交)를 말한다. 이 말은 『주역(周易)』 「계사전(繫辭傳)」의 "두 사람이 마음을 같이하면 쇠도 자를 수 있고 그들의 말은 난초 향기와 같다[二人同心, 其利斷金, 同心之言, 其臭如蘭]."라는 말에서 나온 것이다.

42 獻子無家道義生 헌자무가도의생
方塘霽月永相明 방당제월영상명
古堂春色長依舊 고당춘색장의구
歷世風光屢變更 역세풍광루변경
講信人皆歸叔季 강신인개귀숙계
刊詩自謂別昇平 간시자위별승평
從今如許將來事 종금여허장래사
聊付後天子弟情 료부후천자제정

-龍門 禹良燮 용문 우양섭

맹헌자처럼 집안 생각 않고[58] 도와 의로 사귀어

---

58 맹헌자처럼……않고 : 원문의 헌자(獻子)는 춘추(春秋) 시대 노(魯)나라 대부 맹헌자(孟獻子) 중손멸(仲孫蔑)을 말한다. 『맹자(孟子)』 「만장 하(萬章下)」에 "맹헌자는 백승의 집이라, 그에게 친구 다섯 명이 있었는데, 악정구와 목중이요, 나머지 세 명의 이름은 내가 잊었다. 헌자가 이 다섯 명과 사귈 때 헌자는 스스로 자기의 집안을 잊어버리니, 이 다섯 명도 헌자의 집안을 의식했다면 헌자와 사귀지 않았으리라[孟獻子, 百乘之家也, 有友五人焉, 樂正裘牧仲, 其三人則予忘之矣, 獻子之與此五人者友也, 無獻子之家者也, 此五人者亦有獻子之家, 則不與之友矣]."라는 내용이 나온다.

각진 못과 밝은 달이 영원히 서로 밝히듯 하니
묵은 당의 봄빛은 예처럼 길디길기만 하나
지나온 세월 풍광은 수도 없이 바뀌었고
믿음을 말하던[59] 사람 모두 말세로 돌아갔으나
시집 간행 스스로 말하길 태평세월 남다르다니
이제부터 이렇듯 앞으로 올 일들은
애오라지 다음 세대 후손의 정에 맡길 뿐이네.
-용문 우양섭

59 믿음을 말하던 : 원문의 강신(講信)은 『예기(禮記)』「예운(禮運)」에 나오는 "신의를 강구하고 화목을 도모한다."라는 뜻의 강신수목(講信脩睦)의 준말로, 신의(信義)나 믿음에 대하여 이야기한다는 말이다.

43 達爺忠義託詩生 달야충의탁시생
何夜行宮見月明 하야행궁견월명
句辭悲壯如工部 구사비장여공부
筆力勍遒似率更 필력경주사솔경
子孫數世賡和善 자손수세갱화선
堂室三間準制平 당실삼간준제평
千里相思主人誼 천리상사주인의
關雲河樹摠縈情 관운하수총영정

– 尹璋淳 윤장순

달촌공의 충과 의가 시에 기대 되살아나니
어느 밤 행궁에서 밝은 달을 보셨는가
시구 비장하여 마치 두보[60] 시와 같고
필력 굳세어서 흡사 구양순[61] 글씨 같으며

---

60 두보 : 원문의 공부(工部)는 두공부(杜工部)로 두보(杜甫)를 말한다. 두보가 당나라 시기 검교 공부 원외랑(檢校工部員外郎)을 지냈기 때문에, 두보를 두공부 혹은 공부라고 불렀다.

61 구양순 : 원문의 솔경(率更)은 당나라 초기 서예가로 유명한 구양순(歐陽詢)을 말한다. 구양순이 태자 솔경령(太子率更令)을 지냈기 때문에 구양 솔경 또는 솔경이라고 불렀다.

몇 세대 자손들의 화답시 참 좋고
세 칸 작은 당도 제도에 딱 맞아
천 리 멀리서 주인의 우의 그리워하니
변방 구름 강가의 나무 모두 정이 서려 있네.

– 윤장순

44 堂以澹交光彩生 당이담교광채생
兩家遺躅自分明 양가유촉자분명
詩藏古篋人何在 시장고협인하재
春入空庭歲又更 춘입공정세우경
倉山落月相思倍 창산낙월상사배
洛水歸雲一望平 낙수귀운일망평
村翁尙說當年事 촌옹상설당년사
况復後昆永慕情 황부후곤영모정

- 禹永戴 우영대

당은 담담한 교분으로 광채 일어나니
두 집안의 남은 자취 절로 분명한데
시는 묵은 상자에 남았으나 사람은 어디 있고
봄은 빈 뜰에 들지만 세월은 또 바뀌어
짙푸른 산에 달이 지니 그리움은 배가 되고
낙수에는 구름 되가 바라보니 아득하기만
촌 늙은이도 아직까지 그때 일을 이야기하는데
하물며 더한 후손으로 영원히 그리는 정이겠나.

- 우영대

45 遺編刊議是年生 유편간의시년생
千里書來眼忽明 천리서래안홀명
此世沈淪非復昔 차세침륜비부석
後孫交誼得無更 후손교의득무경
如今人拊堂扁古 여금인부당편고
依舊天涵海色平 의구천함해색평
四世主賓俱不在 사세주빈구부재
西風紅樹黯然情 서풍홍수암연정

– 尹聖模 윤성모

남기신 시를 간행할 뜻이 이 해에 일어나
천 리 멀리 서신 오니 눈앞 갑자기 환한데
이 세상 무너져서 다시 옛날 같지 않으나
후손들의 교분은 변함이 없어서
오늘처럼 사람들은 묵은 현판 어루만지고
옛날같이 하늘은 잔잔한 바닷빛에 잠기니
네 세대의 주인 손님 모두 계시지 않지만
가을바람 속 단풍나무가 가만히 정을 담고 있네.

– 윤성모

46 瞻望澹堂百感生 첨망담당백감생
先公笑語夢中明 선공소어몽중명
杖履曾過人已古 장리증과인이고
壁詩尙誦歲幾更 벽시상송세기경
喬木如今環洞老 교목여금환동로
群山依舊入簾平 군산의구입렴평
安得源源千里路 안득원원천리로
欣然相叙兩家情 흔연상서양가정

– 禹仁則 우인칙

담교당을 우러러보니 온갖 감회 일어나고
선조들의 웃음과 말씀 꿈속에서 분명한데
지팡이 짚고 이전 지나간 사람은 이미 고인 됐고
벽의 시는 아직 외지만 세월은 수없이 바뀌었으니
지금 와서는 마을 두른 높다란 나무도 늙었고
옛날처럼 발에 드는 뭇 산들도 나직하니
어떻게 하면 끝도 없는 저 천 리 길을 얻어
기쁘게 두 집안의 정을 서로 펼쳐 낼 수 있나.

– 우인칙

47

在昔。宣廟朝癸巳春。十二代祖達村公。自光教山
재석 선묘조계사춘 십이대조달촌공 자광교산
敗後。將詣行朝。以白衣待命于順安郡。知禹公諱
패후 장예행조 이백의대명우순안군 지우공휘
壁 之家在楸島。今平安南道平原郡自德面松梅洞
벽 지가재추도 금평안남도평원군자덕면송매동
故往依焉。及還留時而別之。觀其榛苓之思雲樹之
고왕의언 급환류시이별지 관기진령지사운수지
感。至今覽之凄然。其後公之曾孫三宰公。按節關
감 지금람지처연 기후공지증손삼재공 안절관
西。謂爲先誼不可泯。捐出若干金。以付禹公子
서 위위선의불가민 연출약간금 이부우공자
孫。搆爲一堂。命之曰澹交。刻公之詩。而板揭
손 구위일당 명지왈담교 각공지시 이판게
之。下及月潭公父子與三宰公昆季。并四公之賡
지 하급월담공부자여삼재공곤계 병사공지갱
述。亦得以列焉。嗚呼。我尹與禹。世交之切。豈
술 역득이열언 오호 아윤여우 세교지절 기
偶然哉。不幸中罹。灰燼遺搆蕩然。禹氏諸宗。復
우연재 불행중리 회신유구탕연 우씨제종 부
因其址而增築之。尤可感也。是年春。不肖因公事
인기지이증축지 우가감야 시년춘 불초인공사
至郡。訪禹氏。盖堂則无捐。而板輟在箱篋中。且
지군 방우씨 개당즉무연 이판철재상협중 차
近住禹門諸氏。一齊會迎。如是久遠不忘。誠是感
근주우문제씨 일제회영 여시구원불망 성시감
謝。而講舊話新。源源續歡。仍謨永久保存之策。
사 이강구화신 원원속환 잉모영구보존지책
族刊成篇。以爲各家之寶帖。因書其顚末如此云
족간성편 이위각가지보첩 인서기전말여차운
爾。乃和之曰。
이 내화지왈

이전 선조(宣廟) 임금님 시기 계사년(癸巳年, 1593년) 봄, 나의 12대 선조(先祖)이신 달촌공(達村公)께서 광교산(光教山)의 전투에서 패하신 뒤 행재소(行在所)에 나아가기 위해 벼슬이 없는 몸으로 순안군(順安郡)에서 명을 기다리셨는데, 우공(禹公) 휘 벽(璧)의 집이 추도(楸島; 지금의 평안남도 평원군 자덕면 송매동(松梅洞))에 있다는 사실을 아시고, 그곳으로 가서 몸을 의탁하셨다. 돌아갈 때가 되어 시를 남겨 이별하셨는데, 진령(榛苓)의 생각과 운수(雲樹)의 감정[62]을 살펴보면 지금 보더라도 서럽고 애틋하다.

그 뒤 공의 증손 삼재공(三宰公)께서 평안도 관찰사를 지내실 때, "선대(先代)의 우의(友誼)를 잊어서는 안 된다."라고 하시며 약간의 자금을 내어서 우공의 자손들에게 주어서 당(堂) 하나

62 진령(榛苓)의……감정 : 진령(榛苓)의 진(榛)은 개암이고 영(苓)은 감초로, 진령은 『시경(詩經)』「패풍(邶風)」〈간혜(簡兮)〉장에서 "산에는 개암이 있고, 습지에는 감초가 있어라. 누구를 그리는가, 서쪽에 계신 임이로다[山有榛, 隰有苓. 云誰之思, 西方美人]."라고 한 것에서 온 말로 상대를 그리워함을 뜻하는 것이고, 운수(雲樹)는 두보(杜甫)의 〈춘일억이백(春日憶李白)〉 시에서 "위수 북쪽엔 봄 하늘에 우뚝 선 나무, 강 동쪽엔 저문 날 구름[渭北春天樹, 江東日暮雲]."이라고 한 것에서 온 말로 벗을 그리워하는 마음을 뜻하는 것이다.

를 세우게 하시고 담교(澹交)라고 이름을 지으셨으며 공의 시를 판각하여 현판으로 걸게 하셨다. 후대 월담공(月潭公) 부자(父子)와 삼재공 형제까지 모두 네 공의 차운시들 또한 얻어 함께 나란히 걸었다.

아아! 우리 윤씨와 우씨의 대를 이은 절실한 교류가 어찌 우연한 것이겠는가. 불행히 재앙에 걸려 당(堂)과 유적이 모두 불타 없어져 버렸으나, 우씨 가문의 후손들이 다시 그 터에 당(堂)을 증축(增築)하였으니, 더욱 감격할 만한 일이다.

올해(1914년) 봄에 내가 공무(公務)로 그 고을에 갔다가 우씨를 찾아가 보니 당(堂)이 없어지지 않았고 현판은 내려져 상자 속에 보관되어 있었다. 또 근처에 살고 있는 우씨 가문 사람들이 한자리에 모여 나를 맞이해 주었다. 이에 이토록 오랜 세월이 흘렀음에도 잊지 않음에 진심으로 감사하고 옛일을 이야기하며 새롭게 우정을 나누니 기쁨이 끊이지 않고 이어졌다.

이어 영구히 보존할 계책을 논의하여 글을 모아 판각하고 책으로 엮어서 두 가문의 보배로운 책으로 삼기로 하였다. 이에 그 전말(顚末)을 이와 같이 쓰고, 이어 화운(和韻)하여 시를 짓는다.

自是吾生晩暮生 자시오생만모생

今來遺墨見分明 금래유묵견분명
半千里外羇懷遠 반천리외기회원
三百年間世事更 삼백년간세사경
入室拜瞻心愈感 입실배첨심유감
登樓眺望恨難平 등루조망한난평
那知此日風埃裏 나지차일풍애리
舊契重論十世情 구계중론십세정

- 甲寅暮春 土地調査局 書記 尹益模
  갑인모춘 토지조사국 서기 윤익모

본디 나는 뒤늦은 후손이지만
지금에도 남기신 시가 분명히 보이는데
반 천리 저 너머 나그네 심사는 아득하고
삼백 년 사이에 세상일은 바뀌어 가기만 해
당에 들어 절하고 보니 마음 더욱 느꺼웁고
누각 올라 바라봐도 한은 안 가라앉지만
어찌 알았으랴 오늘 이 세상 풍파 속에서
그 옛날 친분 열 세대 정을 다시 이야기할 줄을.

- 갑인년(甲寅年, 1914년) 늦은 봄 토지조사국(土地調査局) 서기(書記) 윤익모(尹益模)

48 堂額高懸鑑後生 당액고현감후생
先人交契久分明 선인교계구분명
路隔千山心不隔 노격천산심불격
世更十世誼無更 세경십세의무경
宿草滿庭多曠感 숙초만정다광감
遺篇掛壁是昇平 유편괘벽시승평
尊靈不欲楸鄕棄 존령불욕추향기
故遣華昆續舊情 고견화곤속구정

– 禹晉九 우진구

당의 현판 높이 걸려 후손을 경계하니
선인의 교분 오래되어도 분명하기만 하여
길은 수많은 산에 막혀도 마음은 막히지 않고
세대는 열 세대가 바뀌어도 교분은 변하지 않으니
뜰 가득 무성한 풀에 광세의 감회[63]는 커져만 가지만
벽에 걸린 남은 시가 바로 태평성대이니
선인의 영혼 추도 이곳 버리려 하지 않아
훌륭한 후손 보내셔서 옛정을 잇게 하시네.

–우진구

---

63 광세의 감회 : 원문의 광감(曠感)은 광세지감(曠世之感)의 준말로, 같은 시대에 태어나지 못해 만나지 못한 것에 대한 감회(感懷)를 말한다.

49 吾是吾家最後生 오시오가최후생
詩從遺帖見分明 시종유첩견분명
我祖途窮身所適 아조도궁신소적
先公舘待禮無更 선공관대예무경
潛凝珠彩山光媚 잠응주채산광미
屢閱桑田海色平 누열상전해색평
那能直至堂楣下 나능직지당미하
賓主開顔話舊情 빈주개안화구정

– 尹聲模 윤성모

내가 우리 집안의 가장 늦은 후손이나
남기신 현판의 시가 볼수록 분명하니
우리 선조 그 몸 나아갈 길이 막혔지만
선공께서 예를 바꾸지 않고 집에서 모셨으니
숨겨진 보배 광채에 산빛은 곱디곱고
수없는 세상 변화[64]에도 바닷빛은 편안하니
어찌하면 곧장 당의 현판 그 아래 와

---

64 세상 변화 : 원문의 상전(桑田)은 뽕나무밭이 변하여 푸른 바다가 되는 것처럼 오랜 세월이 지나면 세상일이 몰라볼 정도로 심하게 변하는 것을 뜻하는 상전벽해(桑田碧海)의 줄임말이다.

손님 주인 얼굴 활짝 펴고 옛정을 이야기할까.

-윤성모

50 登樓不覺感懷生 등루불각감회생
遺墨數篇板上明 유묵수편판상명
敢忘先代同甘苦 감망선대동감고
且恨滄桑忽變更 차한창상홀변경
擁後蒼松秋氣碧 옹후창송추기벽
橫前遠水鑑心平 횡전원수감심평
刊行寶帖君知否 간행보첩군지부
永壽兩家世好情 영수양가세호정

- 禹兢燮 우긍섭

누각 오르니 나도 몰래 감회 일어나고
남기신 시 몇 편이 현판 위에 분명하니
선대에서 함께 기뻐하고 괴로워하심을 감히 잊겠냐만
흐르는 세상이 홀연 바뀐 것 가슴 아파하는데
뒤를 두른 짙푸른 솔은 가을 기운 푸르르고
앞을 비껴 흐르는 먼 물은 마음을 비추듯 잔잔하니
보배로운 시집 간행을 그대 알지 않는가
두 집안 대대 이어온 우호의 정을 영원히 이으려는 것을

- 우긍섭

51 築一小堂屆後生 축일소당계후생
先人交道尙分明 선인교도상분명
臭同蘭蕙香相襲 취동란혜향상습
時燮滄桑誼不更 시섭창상의불경
經營出自恩攸重 경영출자은유중
繼述亦難意未平 계술역난의미평
三百餘年如夢過 삼백여년여몽과
后孫到此奈堪情 후손도차내감정

-土地調査局 技手 禹道燮 토지조사국 기수 우도섭

작은 당 하나 지어 후손에게 전했으니
선인의 사귀신 도의 아직까지 분명하여
난초 혜초 같은 냄새 향기 계속 이어지고
상전벽해 바뀌는 시대 교분은 변하지 않았으니
경영하려는 뜻 나온 건 은혜 무겁게 여겨서고
이어짓기도 어려운 건 마음 편치 않아서인데
삼백여 년이 꿈같이 지나가니
후손 여기 와서는 어찌 그 마음을 견딜까.

-토지조사국 기수 우도섭

52 一爲相公一書生 일위상공일서생
賓主中堂心月明 빈주중당심월명
雲山何阻兩家會 운산하조양가회
寒暑忽焉十世更 한서홀언십세경
石砌秋深黃菊老 석체추심황국로
畵甍高出遠山平 화맹고출원산평
先代遺詩今幷揭 선대유시금병게
摩挲不覺愴然情 마사불각창연정

-前主事 禹弼善 전주사 우필선

한 분은 상공이고 한 분은 서생이나
당 안의 손님 주인 마음은 달처럼 밝았으니
구름 낀 산이 어찌 두 집안 만남을 막겠냐만
추위와 더위 속 어언 열 세대가 지나가
섬돌에는 가을 깊어 누런 국화 늙어가고
용마루는 우뚝 솟아 먼 산과 나란하니
선대에서 남기신 시를 이제 함께 걸어두고
어루만지니 나도 몰래 서글픈 마음만 드는구나.

-전 주사 우필선

53 我祖君先幸倂生 아조군선행병생
主賓心事中○明 주빈심사중○명
芝蘭同臭自然應 지란동취자연응
金石爲心爰不更 금석위심원불경
人去京鄕千里遠 인거경향천리원
世傳詩賦五言平 세전시부오언평
追惟往事講修地 추유왕사강수지
敢忘千秋永慕情 감망천추영모정

- 禹永甲 우영갑

나의 조상 그대의 선조 다행히 함께 나셔서
주인 손님 마음 씀이 맞아 환히 밝았으니[65]
지초 난초의 향기 같아 자연히 호응하고
쇠와 바위 마음 삼아 이에 바뀌지 않아서
사람은 서울 시골 천 리 멀리 떨어져도

---

65 주인……밝았으니 : 원문에 한 글자가 누락되었다. 마지막 글자가 운자인 명(明)자라는 점에서 누락된 글자는 중(中)자의 앞이나 뒤의 글자로 보이는데, 내용으로 보거나 중자가 평성 동(東)운이고 명자가 평성 경(庚)운이라는 점으로 보아 빠진 글자는 중자와 명자 사이의 글자인 듯하다. 글자를 확인할 수 없어 여기서는 '맞아'로만 풀이하였다.

세상에는 지은 시 다섯 수 널리 전해졌으니
지난 일 떠올리며 갈고 닦는 이곳에서
감히 천추의 영원히 그리는 정을 잊겠나.

- 우영갑

54 往事悠悠感慕生 왕사유유감모생
摩挲遺蹟尙分明 마사유적상분명
世系十餘代已換 세계십여대이환
光陰三百歲今更 광음삼백세금경
壁上華編先訓重 벽상화편선훈중
檻前古木暮雲平 함전고목모운평
行宮陪駕知何日 행궁배가지하일
回首南天不勝情 회수남천불승정

- 禹元善 우원선

지난 일 아득하여 사모하는 마음 일어나고
남기신 자취 어루만지니 아직까지 분명한데
세계는 십여 대라 세대 이미 바뀌었고
시간은 삼백여 년이라 세월 이제 지났지만
벽 위 좋은 시에 선조의 가르침 무겁고
난간 앞 묵은 나무 저녁 구름 엉겼으니
행궁에서 임금 모신 그날이 언제였던가
남쪽 하늘 돌아보니 그 정을 이기지 못하겠네.

- 우원선

55 念先勗後生 염선욱후생
舊蹟尙分明 구적상분명
彼此心何異 피차심하이
中間歲屢更 중간세루경
幽鶯簷角亂 유앵첨각란
宿草砌頭平 숙초체두평
人去堂猶在 인거당유재
不勝感愴情 불승감창정

– 禹濟則 우제칙

선조를 떠올리며 후손을 권면하는
옛 자취가 아직까지 분명하니
너와 나의 마음이 어찌 다르겠나만
중간에 세월이 수도 없이 바뀌어
숲속 꾀꼬리가 처마 모퉁이에서 울어대고
묵은 풀들은 섬돌 어귀에 우거졌으니
사람은 갔어도 당은 외려 남아 있어
서글픈 마음을 이기지 못하겠네.

– 우제칙

56 在昔先公眷後生 재석선공권후생
搆堂揭板品題明 구당게판품제명
一千里外居雖異 일천리외거수이
三百年間誼不更 삼백년간의불경
浿西落日相思倍 패서낙일상사배
漢北流雲入望平 한북류운입망평
星回霜落無窮日 성회상락무궁일
勿替兩家永好情 물체양가영호정

– 禹龍九 우용구

그 옛날 선조께서 후손 돌아보시어
당을 엮고 현판 걸어 품평하신 글 분명하니
천 리 밖이어서 거처 비록 다르지만
삼백 년 그사이 교분 바뀌지 않아서
대동강 서쪽 지는 해에 그리움은 배가 되고
한강 북쪽 떠가는 구름에 바라보니 아득하기만
해가 가고[66] 서리 내리는 끝없는 시간 동안

---

66 해가 가고 : 원문의 성회(星回)는 『예기(禮記)』 「월령(月令)」의 "별이 하늘에서 제자리로 돌아온다[星回于天]."라는 구절에서 나온 말로, 한 해의 마지막 달인 선달을 표현한 것인데 해가 바뀌는 때라는 의미이다.

두 집안 영원한 우호의 정을 바꾸지 말라.

-우용구

57 先交如水澹然生 선교여수담연생
照我雲孫十世明 조아운손십세명
空谷人來舊誼講 공곡인래구의강
古堂春晩歲華更 고당춘만세화경
仰瞻寶帖壁間掛 앙첨보첩벽간괘
悵望抱川天外平 창망포천천외평
兩家交義今如許 양가교의금여허

- 禹聖杰 우성걸

선대의 교분 물과 같이 담담하게 맺어져
우리 후손들 비추면서 열 세대를 밝혔으니
텅 빈 골짜기 사람 찾아와 옛 우의를 말하고
묵은 당에는 봄 저물어 세월은 바뀌는데
우러러보는 고운 시는 벽 사이에 걸려 있고
서글피 보는 두른 시내는 하늘 저 끝에 나직하니
두 집안의 교분과 우의 지금은 어떠한가
화답시 지으면서 영원히 그리는 정을 이기지 못하네.

- 우성걸

58 憶昔先公聖世生 억석선공성세생
百年紀蹟至今明 백년기적지금명
護從王輦雲千里 호종왕연운천리
契合金蘭月幾更 계합금란월기경
敬久交深垂后裔 경구교심수후예
緖傳信續報安平 서전신속보안평
澹之一字堂之號 담지일자당지호
揭載華扁感舊情 게재화편감구정

– 禹永復 우영복

그 옛날 선조께서 태평성대 나심을 떠올리니
백 년의 기록된 자취 지금까지 분명한데
임금님 수레 따르는 길에 구름 천 리 가득하고
금란지교[67] 맺은 교분 달은 수없이 바뀌었어도

67 금란지교 : 원문의 금란(金蘭)은 두 사람 사이에 서로 마음이 맞고 교분이 두터워서 아무리 어려운 일이라도 해 나갈 만큼 우정이 깊은 사귐을 이르는 금란지교(金蘭之交)를 말한다. 『주역(周易)』 「계사전(繫辭傳)」에 "두 사람이 마음을 같이하면 쇠도 자를 수 있고, 마음을 같이 한 사람들의 말에서는 난초 향기가 풍겨 나온다[二人同心, 其利斷金, 同心之言, 其臭如蘭]."라는 말이 나온다.

오랜 공경 깊은 교분 후손에게 드리우고
전해진 단서 이어진 믿음 안정 평안 알리니
담담하다는 한 글자로 당의 이름 삼아서
고운 시를 걸어두니 그 옛정에 감동하네.

- 우영복

59 公昔並時生 공석병시생
堂成紀績明 당성기적명
通靈犀一點 통령서일점
相思月三更 상사월삼경
傳世交惟久 전세교유구
持心澹且平 지심담차평
澤流餘韵在 택류여운재
牗此後孫情 용차후손정

- 禹戴燮 우대섭

그 옛날 공들께서 같은 시대에 나서서
당을 이룬 자취의 기록이 분명하니
마음은 무소의 뿔 한 점처럼 통하고[68]
그리움은 달이 삼경에 빛나듯 하여
대대로 전해진 교분 오래됐고

---

68 마음은……통하고 : 원문의 영서일점(靈犀一點)은 마음과 마음이 서로 통함을 뜻하는 것으로, 무소의 뿔 위에는 무늬가 있어 양쪽 뿔이 서로 감응한다고 하는 말에서 온 것이다. 당나라 이상은(李商隱)의 〈무제(無題)〉 시에 "몸에 채색 봉황의 한 쌍 날개는 없지만, 마음에는 신령한 무소뿔 한 점의 밝음이 있어라[身無彩鳳雙飛翼, 心有靈犀一點明]."라는 구절이 나온다.

마음가짐은 담담하고도 평안하니
은택이 흘러 여운 남아서
이 후손의 정을 깨우치시네.

-우대섭

60 先公追憶澹一生 선공추억담일생
通靈寶鑑照心明 통령보감조심명
晡斟只可醺三爵 포짐지가훈삼작
夜話猶能到五更 야화유능도오경
楸島盍簪金契重 추도합잠금계중
龍灣護駕砥途平 용만호가지도평
來來欽歎承先誼 내래흠탄승선의
白雪高歌穩叙情 백설고가온서정

– 禹德鉉 우덕현

선공을 떠올리니 한평생이 담담하셔서
신령 통한 보배 거울 마음 환히 비추니
해 질 무렵 술자리는 석 잔 술에도 취했었지만
밤새운 이야기는 외려 오경에 이르렀으니
추도에서 모여 앉은 쇠 같은 교분 무겁고
의주에서 임금님 따른 숫돌 같은 길 평탄하여
내려올수록 감탄하며 선대의 우의를 이으니
백설곡[69] 높이 부르면서 편안히 정을 펼치네.

–우덕현

69 백설곡 : 양춘곡(陽春曲)과 함께 따라 부르기 어렵기로 유명

한 옛날 중국 초나라의 고아(高雅)한 가곡 이름을 말한다. 『문선(文選)』「송옥대초왕문(宋玉對楚王問)」에 춘추 시대에 초나라에서 어떤 나그네가 하리(下里)와 파인(巴人)의 노래를 부르니 수천 명이 따라 불렀고, 양아(陽阿)와 해로(薤露)의 노래를 부르니 몇백 명이 따라 불렀는데, 양춘(陽春)과 백설(白雪)의 노래를 부르니 몇십 명밖에는 따라 부르지 못했다는 이야기가 전한다.

61 溯先公牖後生 소선공용후생
堂之義澹虛明 당지의담허명
水千尺山萬古 수천척산만고
月一輪夜三更 월일륜야삼경
與人善聲相應 여인선성상응
知我心樂且平 지아심락차평
休有光流有韻 휴유광류유운
世皆稱兩家情 세개칭양가정

- 禹鳳善 우봉선

선인을 거슬러 오르고 후손을 열어주는
당의 뜻 담담하고도 텅 빈 듯 밝으니
물처럼 천 척이나 길고 산처럼 만고토록 오래며
달처럼 온통 둥글고 삼경 밤처럼 깊은데
남과 선하게 사귀니 그 소리 서로 화답하고
내 마음을 알아주니 즐겁고 또 평안한데
아름다운 광채가 있어 그 흐름 여운 있으니
세상 모두 이르기를 두 집안 정이라 하네.

- 우봉선

62 雲兄山弟併時生 운형산제병시생
一片靈臺共照明 일편영대공조명
山川精彩人何遠 산천정채인하원
葭露溯回歲屢更 가로소회세루경
相承後誼心多感 상승후의심다감
追慕先詩意未平 추모선시의미평
滿院松楸依舊立 만원송추의구립
至今猶帶主賓情 지금유대주빈정

– 禹秉玕 우병간

구름 같은 형 산 같은 동생 한 때에 나서
한 조각 마음70이 함께 비추어 환했는데

---

70 한 조각 마음 : 원문의 영대(靈臺)는 마음을 말한다. 당나라의 재상인 배도(裵度)가 자신을 위해 직접 지은 화상자찬(畫像自贊)에 "“네 재주 뛰어나지 않고 네 모습 멋지지 않으니, 어찌 재상이 되겠으며 어찌 장군이 될까. 한 조각 마음을 그림으로는 그려낼 수 없구나[爾才不長, 爾貌不揚, 胡爲相, 胡爲將. 一片靈臺, 丹青莫狀]."라는 내용이 나오고, 주자(朱子)의 〈재거감흥20수(齋居感興二十首)〉 가운데 넷째 수에 "고요히 영대의 신묘함을 살펴보니, 온갖 변화가 여기에서 나오네. 어이하여 스스로 거칠게 만들어, 도리어 뭇 형체의 부림을 받게 하는가[靜觀靈臺妙, 萬化此從出.

산천이 곱게 빛나도 사람은 얼마나 멀어졌으며
갈대 이슬 거슬러 돌아와도 세월이 수없이 바뀌어
남겨진 교분 이으려니 온갖 감회 일어나고
선인의 시를 추모하려니 마음 편치 않지만
뜰 가득한 솔과 개오동 옛날같이 서 있으며
지금까지 외려 주인과 손님의 정을 띠고 있네.

–우병간

云胡自蕪穢, 反受衆形役].”라는 구절이 나온다.

63 澹堂也是我先生 담당야시아선생
詩示子孫在在明 시시자손재재명
行宮故事風千里 행궁고사풍천리
扁額遺交歲屢更 편액유교세루경
芝蘭同臭年年又 지란동취년년우
山水知音曲曲平 산수지음곡곡평
縷縷世誼難忘却 누루세의난망각
視今猶古一般情 시금유고일반정

- 禹秉瓏 우병롱

담교당은 우리 선인께서 세우신 것이라
자손에게 보이신 시가 곳곳에서 분명하며
행궁의 옛일은 바람결에 천리 퍼지고
편액에 남기신 교분 세월 수없이 바뀌었으나
지초 난초 같은 향기 해마다 계속되고
산수 간의 지음이라 곡조마다 편안하니
잇고 이은 세대의 우의 정말 잊기 어려워
지금에도 예같이 보니 다 같은 정이네.

- 우병롱

64 禹生團會又尹生 우생단회우윤생
爭使陳編煥復明 쟁사진편환부명
故誼年將過十世 고의년장과십세
鬱懷月幾到三更 울회월기도삼경
莫說人分千里隔 막설인분천리격
却看路上一車平 각간로상일거평
從今消息源源地 종금소식원원지
不任區區繾綣情 불임구구견권정

– 禹秉琪 우병기

우씨 집안 모이고 또 윤씨 모여서
다투어 옛 시 펼치니 환하고도 밝은데
오랜 교분 해는 열 세대가 넘어가고
가득한 회포에 달은 삼경에 가까우니
사람 나뉘고 천리 막혔다 말하지 말고
길 위의 한 수레 나란한 걸 보시게
이제부터 소식이 끝없이 이어질 것이니
자잘한 일은 따지지 않고 끈끈히 얽힌 정을 펴네.

– 우병기

65 不先不後併時生 불선불후병시생
同志同心一片明 동지동심일편명
交如澹水水無渴 교여담수수무갈
義重泰山山弗更 의중태산산불경
棋逢敵手丁丁落 기봉적수정정락
琴續知音曲曲平 금속지음곡곡평
此日復修前日譜 차일부수전일보
源源勿負兩家情 원원물부양가정

- 禹善浩 우선호

앞서지도 뒤늦지도 않게 한 때에 나서
뜻과 마음 함께해서 한 조각 달처럼 밝았으니
담담한 물 같은 교분에 물은 마르지 않고
태산같이 무거운 의리에 산은 바뀌지 않으니
바둑 기사 적수 만나 또각또각 돌을 놓듯
거문고 소리 지음이 이어 곡조마다 편안하듯
이날 다시 그 옛날의 시들을 손질하니
끝없이 이어서 두 집안의 정을 등지지 말게.

- 우선호

66 近日吾門何事生 근일오문하사생
澹交堂集族刊明 담교당집족간명
若存賓主英靈魄 약존빈주영영백
可惜滄桑世變更 가석창상세변경
合謀莫說路遐邇 합모막설로하이
記實無妨詩拙平 기실무방시졸평
承先修後爲人道 승선수후위인도
三百年間多少情 삼백년간다소정

- 禹再淳 우재순

요즈음 우리 집안 무슨 일 생겼나
담교당 그 문집을 모은 간행이 분명하니
손님 주인 두 분의 영혼이 계신다면
상전벽해 세상의 변화 애석히 여기셨으리니
계획할 때 길의 멀고 가까움을 따지지 말고
기록할 때 시의 졸렬하고 평범함도 해로울 것 없으니
선조를 이어 후손이 따르는 것 사람의 도리라
삼백 년 이 사이에 수많은 정이 있었지.

- 우재순

67 追憶先公晩後生 추억선공만후생
昭然古蹟到今明 소연고적도금명
千里心交天借便 천리심교천차편
兼旬厚誼夜添更 겸순후의야첨경
洛社搢紳傳世遠 낙사진신전세원
浿關農圃舊居平 패관농포구거평
堂前水月淸於鑑 당전수월청어감
照得雲孫澹有情 조득운손담유정

– 禹麟善 우인선

선조를 떠올리는 뒤늦은 후손에게
밝디밝은 옛 자취가 지금까지 분명하니
천 리 떨어진 마음의 교제 하늘이 주신 거고
스무날의 두터운 교분 밤은 깊어 가기만 해서
서울의 재상님은 여러 세대를 전했고
대동강가 농부는 편안한 거처가 옛날 같으니
당 앞의 물과 달이 거울보다 맑아
먼 후손의 담담한 정을 비추어주네.

– 우인선

68 肯搆一堂義所生 긍구일당의소생
欲尋古蹟自分明 욕심고적자분명
治聲傳誦風千載 치성전송풍천재
交意淸澹月五更 교의청담월오경
奇遇兩家稱盛事 기우양가칭성사
德陰十世際昇平 덕음십세제승평
投毫寄語來來者 투호기어래래자
惟願後時不忘情 유원후시불망정

-前監察 禹晉泰 전감찰 우진태

당을 이어 지으니[71] 의리 생겨나고
옛 자취 찾으려니 절로 분명한데
치적 명성 전해진 건 천년 세월의 바람결이고
교제의 뜻 맑고 담담한 건 오경에 뜬 달 같으니

71 이어 지으니 : 원문의 긍구(肯構)는 긍구긍당(肯構肯堂)의 준말로, 『서경(書經)』 「대고(大誥)」에, "만약 아버지가 집을 지으려 작정하여 이미 그 규모를 정했는데도 그 아들이 기꺼이 당기(堂基)를 마련하지 않는데 하물며 기꺼이 집을 지으랴[若考作室, 旣底法, 厥子乃弗肯堂, 矧肯構]."라고 한 부분에서 온 말이다. 이 말은 자손이 선대의 유업을 잘 계승하는 것을 뜻하는데, 여기서는 화재로 소실된 담교당을 후손들이 중수(重修)하는 것을 가리킨다.

두 집안의 기이한 인연 성대한 일로 칭송되고
열 세대의 숨겨진 덕은 태평성대를 만나서
오고 올 후손에게 붓 던지고 말 전하니
뒷날에도 이 정을 잊지 않기를 원할 뿐이라고.
-전 감찰 우진태

69 先代澹交感後生 선대담교감후생
壁間遺墨尙分明 벽간유묵상분명
斷金其利猶今古 단금기리유금고
如水光陰幾變更 여수광음기변경
莫道相居千里遠 막도상거천리원
自來和氣一團平 자래화기일단평
已聞鋟梓未能叅 이문침재미능참
敢述蕪辭呈慕情 감술무사정모정

- 禹永著 우영저

선대의 담담한 교분 후손 감동시키고
벽 사이에 남겨진 시가 아직도 분명하니
쇠를 끊는 그 날카로움[72] 예나 지금이 같지만
물 같은 세월은 바뀐 게 얼마나 되나

72 쇠를……날카로움 : 원문의 단금(斷金)은 단금지교(斷金之交)에서 온 말로 쇠붙이를 끊을 수 있을 만큼 단단한 교분이라는 뜻으로, 친구 사이의 매우 두터운 우정을 이르는 말이다. 『역경(易經)』의 "두 사람이 마음을 함께 하면 쇠도 자를 수 있고 마음을 함께 할 때의 말은 그 향기로움이 난초와 같다[二人同心, 其利斷金, 同心之言, 其臭如蘭]."에서 유래한 것으로, 단금(斷金)·단금우(斷金友)·단금지계(斷金之契)라고도 한다.

천 리 멀리서 서로 거한다고 말하지 말게
한 덩이 고른 온화한 기운[73]이 절로 다가오니
이미 판각에 참여하지 못했다고 들었다면
감히 거친 말을 써서 사모하는 정을 드리겠나.

– 우영저

---

73 한 덩이……기운 : 원문의 화기일단(和氣一團)은 화기애애한 분위기나 온화한 기운을 표현하는 말이다. 『근사록(近思錄)』에 사현도(謝顯道)가 명도(明道) 선생 정호(程顥)에 대해 "명도(明道) 선생은 앉아 계실 때는 진흙으로 빚은 소상(塑像) 같다가 사람을 접할 때에는 온통 한 덩이 화기(和氣)였다[明道先生坐如泥塑人, 接人則渾是一團和氣]."라고 한 말이 나온다.

70 世過十一及吾生 세과십일급오생
相去相來歷歷明 상거상래력력명
契合風塵多事異 계합풍진다사이
堂經惻火幾時更 당경겁화기시경
遺詩新鋟鋟分序 유시신침침분서
後裔遂誠誠自平 후예수성성자평
況復先靈明鑑下 황부선령명감하
豈無莞爾追思情 기무완이추사정
- 禹永肯 우영긍

세대 열한 번 지나서 내 생애에 이르렀으니
오고 간 그 일들이 또렷하고 분명한데
교분은 풍진 속에 많은 일이 달라졌고
당은 화재 겪고서 얼마나 시간 지났나
남기신 시 새 판각에 판각 판을 나누고
후손들은 정성 다해 성의 절로 편안하니
하물며 다시 선조 영령 밝은 눈길[74] 아래서

74 밝은 눈길 : 원문의 명감(明鑑)은 맑은 거울을 가리키는 말로, 사물의 모습을 분명히 비추어주는 좋은 본보기나 뛰어난 식견, 훌륭한 귀감을 이르는 말이지만, 여기서는 선조의 영령이 밝고 환하

어찌 빙긋이 웃으면서 추모하는 정 없겠나.

- 우영금

게 지켜보고 계신다는 의미이다.

71 不肖兒孫百感生 불초아손백감생
非徒書月滿堂明 비도서월만당명
來來去去無相阻 내래거거무상조
繼繼承承幾代更 계계승승기대경
環階舊蘭香遠聞 환계구란향원문
方塘活水淡還平 방당활수담환평
古人樹木猶爲惜 고인수목유위석
對此焉忘永慕情 대차언망영모정

- 禹永胄 우영주

불초한 후손이 온갖 감회 이는 것은
책 비추는 달빛에 당 가득 환해서만이 아니니
가고 가고 오고 옴에 서로 막힘 없었고
잇고 잇고 이어감에 몇 세대나 바뀌어서
섬돌 두른 묵은 난초 향기 멀리 퍼지고
각진 못에 솟는 물은 담담하고도 잔잔하여
옛사람이 심은 나무가 오히려 애석하니
이를 대하고 어찌 영원히 그리는 정 잊겠나.

- 우영주

72 心同契合地分生 심동계합지분생
只有澹交堂額明 지유담교당액명
追慕百年雲萬疊 추모백년운만첩
相思千里月三更 상사천리월삼경
賡詩登鋟誠咸遂 갱시등침성함수
舊蹟維新事泰平 구적유신사태평
爲告兩家爲後者 위고양가위후자
引之勿替古今情 인지물체고금정

– 禹敬則 우경칙

마음 합한 교분이나 거처 나누어 살아가니
다만 담교라는 당 현판만 분명할 뿐이라
백 년을 추모하니 구름 만 겹 겹쳐 있고
천 리 멀리 그리워하니 달은 삼경 휘영청하여
화답시 판각을 정성으로 함께 이루었고
옛 자취 새롭게 하니 일마다 태평이라
두 집안 후손 된 그들에게 고하노니
예와 지금의 정을 폐하지 말고 계속 이어 갈지어다.

– 우경칙

73 澹交堂古感後生 담교당고감후생
書月蒼蒼今古明 서월창창금고명
主賓唱和聲相應 주빈창화성상응
子仍繼承年幾更 자잉계승년기경
蘭契由來先誼重 난계유래선의중
鴈書不絶報安平 안서불절보안평
從斯以往千斯載 종사이왕천사재
彼此敢忘如是情 피차감망여시정

– 禹晦善 우회선

낡고 낡은 담교당이 후손 감동 시키니
책 비추는 달빛 환해 예와 지금 밝히는데
주인 손님 화답하는 소리 서로 응했으니
후손들이 계승하여 세월 얼마나 지났나
금란지계[75] 유래한 선조의 교분 무거운데

75 금란지계 : 원문의 난계(蘭契)는 금란지계(金蘭之契)에서 온 말로 다정한 친구 사이의 정의(情誼)를 이르는 말이다. 『역경(易經)』의 "두 사람이 마음을 함께 하면 쇠도 자를 수 있고 마음을 함께 할 때의 말은 그 향기로움이 난초와 같다[二人同心, 其利斷金, 同心之言, 其臭如蘭]."에서 유래한 것으로, 지란지교(芝蘭之交)·금란지의(金蘭之誼)·금란교(金蘭交)·난교(蘭交)·금란계

소식[76] 끊이지 않고 안정 평안 알리니
이제부터 이후로 천 년이 지날 동안
그대와 나 어찌 감히 이 같은 정을 잊겠나.

-우회선

(金蘭契)·단금(斷金)·단금우(斷金友)·단금지계(斷金之契)라고도 한다.

76 소식 : 원문의 안서(雁書)는 편지나 서신(書信)을 뜻하는 말이다. 한나라 때 소무(蘇武)가 흉노(匈奴)에 사신으로 갔다가 억류되어 있으면서 기러기의 발에 편지를 매어 한나라로 부쳤다고 한다. 『한서(漢書)』 권57 「소무전(蘇武傳)」에 “천자(天子)가 상림원(上林苑)에서 활을 쏘다가 기러기를 잡았는데, 그 발에 비단에 쓴 편지가 달려 있기로 펴서 보니 소무(蘇武)가 어떤 방죽 속[澤中]에 있다고 했다.”라는 내용이 나온다.

74 澹交君子宅 담교군자택
古蹟至今明 고적지금명
相居鄕洛異 상거향락이
追慕歲月更 추모세월경
樹老暗烟合 수로암연합
洞深淡水平 동심담수평
從斯千萬載 종사천만재
敢忘兩家情 감망양가정

- 禹永杰 우영걸

담교당이 군자의 집이라
옛 자취가 지금까지 분명하지만
서로의 거처 시골과 서울로 다르고
추모하는 마음 세월도 바뀌었으나
나무는 묵어가 짙은 안개 엉기고
골짜기 깊어 담담한 물 잔잔하니
이로부터 천만년 지날 동안
감히 두 집안의 정을 잊겠나.

- 우영걸

75 先誼不忘吾後生 선의불망오후생
傳來遺蹟自分明 전래유적자분명
燕京路遠雲千里 연경로원운천리
楸島夜深月五更 추도야심월오경
道敻人難爲接唔 도형인난위접오
世紛時未問安平 세분시미문안평
吳洲孤月相思意 오주고월상사의
斷復連方不勝情 단부연방불승정

- 禹弘燮 우홍섭

선조의 우의 잊지 못하는 우리 후손이라
전해 오는 남기신 자취 절로 분명하지만
서울 가는 길은 멀어 구름 천 리에 자욱하고
추도에 밤은 깊어 달은 오경인데
길은 멀어 사람은 만나 말하기 어렵고
세상 어지러워 때는 편안을 묻지 못하지만
오주의 외로운 달빛[77] 아래 서로를 그리는 뜻은

77 오주의 외로운 달빛 : 원문의 오주고월(吳洲孤月)은 달빛을 보고 멀리서 서로 생각하자는 벗을 그리는 정을 표현한 것으로, 이백(李白)이 강동(江東)으로 가는 장 사인(張舍人)이란 벗을 보

끊어졌다 이어져서 그 정을 못 이기겠네.

- 우홍섭

내며 지은 시인 〈송장사인지강동(送張舍人之江東)〉에 "오주(吳洲)에서 달을 보거든 천리 밖에서 날 생각해 주오[吳洲如見月, 千里幸相憶]."라는 구절이 나온다.

76 尹公昔日道先生 윤공석일도선생
況復遺編不啻明 황복유편불시명
北闕天長風萬里 북궐천장풍만리
古堂月又夜三更 고당월우야삼경
十旬調理非休暇 십순조리비휴가
九代繼承際泰平 구대계승제태평
何事中間消息斷 하사중간소식단
題詩感古一般情 제시감고일반정

– 禹箕燮 우기변

윤공께서 이전에도 선조 말씀하셨으니
하물며 다시 남기신 시들 밝아질 뿐만이겠나
대궐 하늘 멀고 멀어 만 리의 바람 불고
묵은 당은 달이 또 삼경의 밤인데
백 일의 조리는 휴가 아니었으며
아홉 세대 계승은 태평성대 만나서니
무슨 일로 그사이에 소식이 끊어졌나
시 지으며 옛 생각하기는 다 같은 정인데.

– 우기변

77 交意澹澹及後生 교의담담급후생
扁楣瓊什自分明 편미경십자분명
松留餘韻風千古 송류여운풍천고
潭照淸輝月五更 담조청휘월오경
感此兩家承世誼 감차양가승세의
勉吾諸子樂昇平 면오제자락승평
同鄕詩軸爭傳誦 동향시축쟁전송
三百年前今日情 삼백년전금일정
- 禹昌一 우창일

담담한 교제의 뜻 후손에게 이어지고
현판의 고운 시도 절로 분명하니
솔에 남은 여운은 천고의 풍취이고
못에 비친 맑은 빛은 오경의 달빛이라
이 두 집안 대대의 교분 이어감에 느꺼워하며
우리 여러 후손은 태평성대 즐거워함에 힘쓰니
동향에서는 시축을 다투어 외서 전하여
삼백 년 그 이전이 오늘의 정과 같겠지.
- 우창일

78 追尋傳韻感懷生 추심전운감회생
往蹟悠悠祇自明 왕적유유지자명
四壁雲烟詩尙在 사벽운연시상재
一庭風露序幾更 일정풍로서기경
新誼綿緜淸且澹 신의면면청차담
古交落落正還平 고교락락정환평
繼志元來人子事 계지원래인자사
願言世世不忘情 원언세세불망정

– 禹晉觀 우진관

전하는 시를 찾아보니 감회 일어나는데
지나온 자취는 아득한 속 저절로 환히 밝을 뿐
사방 벽에 구름안개 껴도 시는 언제나 그대로나
뜰 가득한 바람 이슬에 계절은 얼마나 바뀌었나
새로운 우의 끝없이 이어져 맑고도 담담하며
옛 교분은 우뚝 높아 바르고도 편안하니
선조의 뜻 잇는 것이 원래 후손의 일이라
원컨대 대대로 그 정을 잊지 말라고 하네.

– 우진관

79 澹交堂古拂塵生 담교당고불진생
往蹟蒐尋煥復明 왕적수심환부명
百世芳名花萬朶 백세방명화만타
兩鄕懷照月三更 양향회조월삼경
繼先述事想觀感 계선술사상관감
垂後貽謨樂泰平 수후이모락태평
佛證禪燈無盡慶 불증선등무진경
令人永慕各陳情 영인영모각진정

– 禹明善 우명선

담교당 묵었어도 먼지 터니 새롭고
지난 자취 찾고 모아 환하고도 밝으니
백 대의 고운 명성 만 송이 꽃 핀 것 같고
두 고장을 그리는 마음 삼경 달처럼 환하니
선조를 이은 사업 계승 보고 느낀 생각이고
후손에 전한 조상의 교훈[78] 태평성대 즐거워하니
부처가 깨달은 참선의 등불에 경사 끝이 없어서

78 조상의 교훈 : 원문의 이모(貽謨)는 조상이 교훈을 남겨 자손을 편안히 돕거나 조상이 후손을 위하여 남겨 놓은 좋은 계책을 뜻하는 이모연익(貽謨燕翼)의 준말이다.

사람들에게 영원히 그리며 각각 그 정을 펼치게 하는 듯 하네.

- 우명선

80 先祖堂高會後生 선조당고회후생
心傳世系眼中明 심전세계안중명
踈松當主亭已古 소송당주정이고
情竹待人陰不更 정죽대인음불경
光風霽月如前又 광풍제월여전우
剩水剗山依舊平 잉수잔산의구평
遺蹟昭然多感事 유적소연다감사
一詩尤切兩家情 일시우절양가정

-前主事 禹信則 전주사 우신칙

선조의 당 높고 높아 후손들이 모이니
마음으로 전한 세대의 계보 눈앞에서 환한데
성긴 솔이 주인 되는 정자 이미 묵었고
정든 대가 사람 맞는 그늘 아직 안 바뀌었으며
화창한 바람 밝은 달[79]은 이전처럼 또 떠 오고

79 화창한……달: 원문의 광풍제월(光風霽月)은 송(宋)나라 황정견(黃庭堅)의 〈염계시서(濂溪詩序)〉에서 염계(濂溪) 주돈이(周敦頤)를 두고 "주무숙은 마음이 시원스러워 비가 갠 뒤의 화창한 바람이나 밝은 달과 같다[胸中灑落, 如光風霽月]."라고 한 데서 나온 것으로, 인품이 매우 훌륭하고 마음이 시원스레 트인 것을 말하는데, 여기서는 단순히 경치를 가리키는 말로 쓰였다.

넘치는 물 남은 산도 예처럼 나직하여
남기신 자취 환하게 온갖 감회 일으키니
한 편 시에 더더욱 두 집안 정이 간절하네.

-전 주사 우신칙

81 乃主乃賓幸倂生 내주내빈행병생
喜看遺蹟尙分明 희간유적상분명
利也斷金心一片 리야단금심일편
懷方中夜月三更 회방중야월삼경
老木春深金鳥樂 노목춘심금조락
數椽堂古暮烟平 수연당고모연평
話新感舊賡和地 화신감구갱화지
投筆難堪十世情 투필난감십세정

– 禹泰燮 우태섭

다행히 한세상에 나서 주인 되고 손님 되어
남기신 자취 바라보면 아직도 분명하니
쇠도 자를 듯한 예리함에 마음은 하나였고
한밤에 그리워하니 달은 삼경 휘영청하며
늙은 나무에도 봄이 깊어 고운 새가 기뻐하고
몇 칸짜리 당은 묵어 저녁연기 엉겼으니
옛일에 느꺼워 새로운 이야기하며 화답시 짓는 곳에서
붓 던지고 열 세대의 정을 견디기 어려워하네.

– 우태섭

82 追思不覺露孤生 추사불각로고생
惟此扁楣依舊明 유차편미의구명
月潭松韻恍如昨 월담송운황여작
流水光陰久且更 유수광음구차경
團圝高屋三間屹 단란고옥삼간흘
往蹟賴詩一律平 왕적뢰시일율평
故誼難忘千里路 고의난망천리로
也知片月遠含情 야지편월원함정

– 禹永海 우영해

나도 몰래 떠올리면 외로운 후손이니
이곳의 현판은 옛날처럼 환하고
달 뜬 못 솔 소리는 이전처럼 황홀하나
흐르는 물 지나는 세월은 오래도록 바뀌었지만
단란한 높은 집은 세 칸 높이 우뚝 솟고
지난 자취 담은 시는 한결같이 편안하니
옛 우의를 잊지 못하는 천 리 길에서
이제야 알겠네 한 조각 달이 먼 정을 머금고 있다는 것을.

– 우영해

83 堂宇巍巍瑞氣生 당우외외서기생
兩家遺蹟自分明 양가유적자분명
契合芝蘭香一炷 계합지란향일주
調高春雪月三更 조고춘설월삼경
庭畔翠松亘古立 정반취송긍고립
壁間墨畫篆痕平 벽간묵화전흔평
由來三百年中事 유래삼백년중사
承繼後孫表舊情 승계후손표구정

- 禹致弘 우치홍

당우는 우뚝 솟아 상서로운 기운 일어나고
두 집안의 남긴 자취 절로 분명하니
지초 난초 같은 교분 한 심지의 향기이고
봄 눈 같은 높은 격조 삼경에 뜬 달 같으며
뜰에 있는 푸른 솔은 그 옛날부터 우뚝하고
벽 사이의 글씨 그림 필체가 반듯하니
삼백 년 지나는 그 사이 일들을
후손들이 계승하여 옛정을 표하네.

- 우치홍

84 先世感懷久益生 선세감회구익생
傳來遺蹟尙分明 전래유적상분명
契合芝蘭風百世 계합지란풍백세
交如水月夜三更 교여수월야삼경
忠節滿膽淸海祲 충절만담청해침
白衣待命路黃平 백의대명로황평
巍然堂室靈如在 외연당실령여재
到此後孫敢忘情 도차후손감망정

- 禹致夏 우치하

선대의 감회가 오래돼도 더 생생해
전해오는 남기신 자취 아직까지 분명하니
지초 난초 같은 교분 백 세대의 바람 같고
물과 달 같은 사귐 삼경에 뜬 달과 같아
충절 가득한 마음에 바다 요기 맑아지고
백의로 명 기다려 서북 변방[80] 길 찾으니
우뚝한 당실에 영령이 계신 듯 해
이로부터 후손들이 감히 정을 잊겠나.

-우치하

80 서북 변방 : 원문의 황평(黃平)은 황해도와 평안도를 아울러 이르는 말로 보인다.

85 扈駕輕塵巾襪生 호가경진건말생
先人高義轉分明 선인고의전분명
住居雖隔雲千里 주거수격운천리
思想難忘月五更 사상난망월오경
往世結遊從古好 왕세결유종고호
後孫講誼至今平 후손강의지금평
澹交堂亢門楣揭 담교당항문미게
到此方知感故情 도차방지감고정

– 禹益賢 우익현

임금님 따르는 가벼운 먼지 두건 버선에 일어났으니
선인의 높은 의는 갈수록 분명하여
사는 곳 천 리 구름으로 비록 막혀 있지만
그리는 마음은 오경의 달을 잊기 어려우니
지난 세대 맺은 교분 옛날부터 좋았고
후손들의 우호는 지금까지 편안한데
담교당 현판 우뚝하게 문미에 걸려 있으니
여기에 와서 그제야 옛정에 느꺼움을 알겠네.

– 우익현

86 澹交堂色潭然生 담교당색담연생
能使後人盛且明 능사후인성차명
梨落豈無春日再 리락기무춘일재
松貞曾不雪時更 송정증불설시경
久留下土山爲重 구류하토산위중
復出西關地乃平 부출서관지내평
宇宙中興如昨日 우주중흥여작일
尙將遺墨感遺情 상장유묵감유정

-農隱 禹乃善 농은 우내선

담교당의 광채가 은은하게 일어나
후손들을 성대하고도 환하게 하니
배꽃 진다고 어찌 봄이 또 안 올 것이며
소나무 곧다고 일찍이 눈을 안 겪었겠냐만
이 세상 오래 머물러도 산이 무거운 것이고
서쪽 변방 다시 나가도 땅은 곧 넓기만 해
온 우주 다시 번성하여 지난날 같으니
여전히 남기신 시 가져다가 남긴 정에 감동하네.

-농은 우내선

87 心交如水澹然生 심교여수담연생
能使後人永照明 능사후인영조명
依依蘭蕙留千載 의의란혜류천재
夜夜星河影五更 야야성하영오경
恩深結草青山重 은심결초청산중
憶在南州小島平 억재남주소도평
淸遊幻墨今何世 청유환묵금하세
去去益添密密情 거거익첨밀밀정

– 禹秉喆 우병철

물 같은 마음의 교분 담담하게 일어나
후손들을 길이 비춰 환히 밝으니
한들한들 난초 혜초 천 년 남아 전하고
밤마다 은하수는 오경까지 빛나며
은혜 깊어 맺은 풀은 푸른 산에 가득하고
그리움 담긴 남쪽 땅은 작은 섬에 아득하니
맑은 유람 먹 장난하는 지금 어떤 세상인가
가면 갈수록 더더욱 친밀한 정을 더해가니.

– 우병철

88 幽谷賁然精彩生 유곡분연정채생
澹交還若佑神明 담교환약우신명
契合芝蘭年九世 계합지란년구세
論如河海夜三更 논여하해야삼경
君已搢紳留洛社 군이진신류락사
我何樵牧老黃平 아하초목로황평
臨時王事催歸路 임시왕사최귀로
雲樹蒼茫故舊情 운수창망고구정

－禹永奎 우영규

그윽한 골짜기 찬란하게 뛰어난 광채 일어나니
담담한 교분이 외려 마치 신명이 돕는 듯해
지초 난초 같은 사귐 해는 벌써 아홉 세대
강 바다 같은 이야기에 밤은 어언 삼경인데
그대 이미 재상되어 서울에 머물지만
나는 어찌 초목[81]으로 서북 변방에서 늙어가나
나랏일이 때가 되어 되갈 길이 급하지만
아득한 저 구름과 나무[82] 그 옛날의 정이지.

－우영규

81 초목 : 원문의 초목(樵牧)은 땔나무를 장만하는 일과 가축을

먹이는 일을 말하는데, 여기서는 변방 시골의 보잘 것 없는 사람을 의미한다.

82 아득한……나무 : 원문의 운수창망(雲樹蒼茫)은 벗 사이에 오랫동안 멀리 떨어져 있으면서 서로 그리워하는 정을 말하는데, 두보(杜甫)의 〈춘일억이백(春日憶李白)〉이라는 시에 나오는 "위수 북쪽 봄날의 나무이고 강 동쪽 저물녘의 구름이네[渭北春天樹, 江東日暮雲]."라는 구절에서 온 것이다.

89 先世誼親講後生 선세의친강후생
升堂交志水如明 승당교지수여명
客駒賁影來千里 객구분영래천리
子鶴和音達四更 자학화음달사경
弓釰昔遊須感慕 궁인석유수감모
琴書新韻乃淸平 금서신운내청평
盥薇擎讀探珠日 관미경독탐주일
肯構楣詞强輸情 긍구미사강수정

– 禹昇鶴 우승학

선조의 우의를 후손에게 알리니
당에 올라 사귄 뜻이 물 같이 빛나는데
나그네 말의 큰 그림자 천 리를 달려오고
자학[83]의 온화한 소리 사경[84]에 이르니
활과 칼[85]의 옛날 교유도 분명 감격해 사모하지만

83 자학 : 원문의 자학(子鶴)은 매처자학(梅妻子鶴)을 말하는데, 송나라 임포(林逋)가 고산(孤山)에 은거하여 독신으로 지내면서 학을 자식으로 삼고 매화를 처로 삼아서 평생을 지냈다는 말에서 온 것이다. 여기서는 우씨 집안의 후손을 의미한다.

84 사경 : 원문의 사경(四更)은 하룻밤을 다섯으로 나눈 넷째 시각으로, 새벽 한 시에서 세 시 사이를 말하는데, 여기서는 반기는 소리가 밤늦게까지 이어졌다는 의미이다.

거문고 책의 새로운 가락도 이내 맑고 화평하여
손을 씻고[86] 받들어 읽으며 보배 찾는[87] 날에
현판의 시를 받들어 이어[88] 애써 정을 전해보네.
–우승학

---

85 활과 칼 : 원문은 궁인(弓釰)은 주로 임금의 죽음을 비유하는 말이다. 『사기(史記)』 권28 「봉선서(封禪書)」에 황제(黃帝)가 수산(首山)의 동(銅)을 캐어 솥을 주조하였는데, 솥이 완성되자 용(龍)이 수염을 드리우고 내려와 황제를 맞으니, 황제가 용을 타고 올라가면서 활과 칼을 떨어뜨렸다는 내용이 나오는데, 여기에서 유래한 것이다. 여기서는 임진왜란 당시 달촌 윤국형과 우벽의 교유를 의미한다.

86 손을 씻고 : 원문의 관미(盥薇)는 장미(薔薇) 이슬로 손을 씻는다는 말인데, 당나라 유종원(柳宗元)이 한유(韓愈)가 보내준 시를 읽을 때 먼저 장미 이슬로 손을 씻고 향을 피운 뒤에 읽었다고 하는 고사에서 온 것이다.

87 보배 찾는 : 원문의 탐주(探珠)는 구슬이나 보배를 찾는다는 말인데, 『장자(莊子)』의 「천지(天地)」편에 황제(黃帝)가 적수(赤水)에서 노닐고 돌아오는 도중에 현주(玄珠)를 잃어버렸는데, 아무도 찾지 못하다가 무심(無心)한 상망(象罔)이 찾았다는 이야기가 나온다.

88 받들어 이어 : 원문의 긍구(肯構)는 원래 자손이 선조의 유업을 잘 계승하는 것을 뜻하는데, 여기서는 현판에 있는 선조의 시를 잘 이어 화답시를 짓는다는 의미이다.

90 憶昔澹交感慕生 억석담교감모생
由來世誼自分明 유래세의자분명
百年人物雖相替 백년인물수상체
千里湖山故不更 천리호산고불경
軒外山雲同起立 헌외산운동기립
庭前松菊老昇平 정전송국노승평
援琴彈出峨洋曲 원금탄출아양곡
舊調新翻互有情 구조신번호유정

– 禹龍珠 우용주

그 옛날 담담한 사귐 떠올리니 감회 일어나
이로부터 대대로 교분이 절로 분명한데
백 년 동안 사람 사물 비록 모두 쇠하였으나
천 리의 강과 산은 예로부터 안 바뀌어
당 저 너머 산과 구름 함께 일어나 우뚝하고
뜰 앞의 솔과 국화 다 묵어도 곱고 편안하니
거문고 가져다 아양곡[89] 한 곡조를 연주하며

89 아양곡 : 원문의 아양곡(峨洋曲)은 춘추 시대 백아(伯牙)가 타고 그의 벗 종자기(鍾子期)가 들었다는 거문고 곡조로, 고산유수곡(高山流水曲) 또는 유수곡(流水曲)이라고도 한다. 『열자(列子)

옛 곡조를 새롭게 옮겨 서로의 정을 담아내네.

- 우용주

』「탕문(湯問)」편에 백아가 거문고를 잘 탔는데 종자기는 이것을 잘 알아들었다. 그리하여 백아가 마음속에 '높은 산[高山]'을 두고 거문고를 타면 종자기는 이를 알아듣고 "아, 훌륭하다. 험준하기가 태산과 같다[善哉, 峨峨兮若泰山]."라고 하였으며, 백아가 마음속에 '흐르는 물[流水]'을 두고 거문고를 타면 종자기는 이를 알아듣고 "아, 훌륭하다. 광대히 흐름이 강하와 같다[善哉, 洋洋兮若江河]."라고 하였다는 내용이 나오는데, 이를 지음(知音)이라 하여 친구 간에 서로 상대의 포부나 경륜을 알아주는 것을 비유하는 말로 쓰인다.

91 公與吾懷從此生 공여오회종차생
堂中先蹟兩相明 당중선적양상명
交心取水水常澹 교심취수수상담
厚誼如山山不更 후의여산산불경
迎駕陋庭榮莫大 영가누정영막대
感時旅榻夢何平 감시려탑몽하평
至今此擧誠非偶 지금차거성비우
天借好緣陳我情 천차호연진아정

- 禹龍鎭 우용진

그대와 나의 회포 이로부터 일어나니
당 안의 선조 자취 두 집안 모두 선명한데
마음의 교제 물을 취해 물처럼 항상 담담했고
교의는 두터워 산과 같아 산처럼 바뀌지 않았으니
수레 맞이한 누추한 뜰에 영광 막대하나
시절에 느꺼운 나그네 자리라 꿈이 어찌 편하랴만
지금 이 일은 진실로 우연 아니니
하늘이 좋은 인연 내려주어 내 마음을 펼쳐보네.

- 우용진

92 先世論交及後生 선세론교급후생
鏡如相照月如明 경여상조월여명
十行記蹟今猶在 십행기적금유재
一點靈犀久不更 일점령서구불경
安定儒徒承敎化 안정유도승교화
樂浪刺史致昇平 낙랑자사치승평
嵬然高閣吟哦地 외연고각음아지
緬憶當年感我情 면억당년감아정

- 禹用燮 우용섭

선조의 사귐이 후세에도 이어져
거울처럼 서로 비춰 달 같이 밝아
열 줄 기록된 자취 지금 외려 남아 있고
한 점 신령한 뿔은 오래되어도 안 바뀌어
안정된 유학자들은 교화를 이어가고
낙랑의 자사[90]는 태평성대 이루니

---

90 낙랑의 자사 : 원문의 낙랑(樂浪)은 우리나라 여러 지역의 지명으로 나오는데, 대표적인 곳이 경주(慶州)와 평양(平壤)이다. 자사(刺史)는 중국에서 사용한 관직명으로 지방 장관을 말한다. 여기서 낙랑의 자사는 서북 변방의 지방 장관인 평안도 관찰사를 의미

우뚝한 높은 누각 시를 읊는 곳에서
아스라이 그때를 떠올리니 내 마음 느꺼워지네.
- 우용섭

하는 것으로 보인다.

93 君子之交澹一生 군자지교담일생
楣頭尙揭字分明 미두상게자분명
軒松陰庇春仍長 헌송음비춘잉장
潭月代昇歲幾更 담월대승세기경
世誼兩鄕依舊密 세의양향의구밀
吾途東土到今平 오도동토도금평
晩詩賡唱先人跡 만시갱창선인적
默立楸岑萬古情 묵립추잠만고정

- 禹龍河 우용하

군자의 사귐은 한평생 담담하여
문틀 위에 아직 걸린 글자가 분명하니
그늘 덮인 당의 솔은 봄에도 우뚝하고
대대로 떠오른 못의 달은 세월 얼마나 지났어도
두 고장의 대 이은 우의 예처럼 친밀하니
동쪽 땅에서 우리 길은 지금까지 평탄한데
뒤늦은 시로 선인의 자취 화답하고 보니
묵묵히 선 추도의 산이 만고의 정을 담은 것 같네.

- 우용하

94 念昔兩公萬曆生 념석양공만력생
挽看遺蹟亦分明 만간유적역분명
蠹老螢乾詩自在 두노형건시자재
花飛蝶謝歲幾更 화비접사세기경
金蘭古契久斯馥 금란고계구사복
碧水今交淡且平 벽수금교담차평
寄語兩家爲後者 기어양가위후자
丁寧勿負繼先情 정녕물부계선정

– 禹秉典 우병전

만력 시대 태어나신 옛 두 어른 생각하고
남긴 자취 찾아보니 아직도 분명하여
나무 좀 늙고 개똥벌레 말라도[91] 시는 절로 남았지만
꽃 지고 나비 떠나니 세월은 얼마나 바뀌었나
금란지계 옛 교분은 오래되어도 향기롭고
푸른 물 같은 지금의 교제 맑고도 잔잔하여
두 집안 후손에게 이 말을 전하나니

91 나무……말라도 : 원문의 두노형건(蠹老螢乾)은 여름이 가고 가을이 온다는 시간의 흐름을 말한다. 『포박자(抱朴子)』에 "뽕나무가 잘리면 나무좀이 죽는다[桑木見斷而蠹殄]."라고 하였는데, 여기에서 온 말이다.

부디부디 저버리지 말고 선대의 정을 이으라고.

-우병전

95 憶昔築堂幽感生 억석축당유감생
子孫護守慕分明 자손호수모분명
依舊樑間燕幾返 의구량간연기반
至今廳上月三更 지금청상월삼경
甘棠餘蔭傳恩誼 감당여음전은의
喬木遺風樂太平 교목유풍락태평
吾鄉尙誦公施德 오향상송공시덕
駐驂當年世契情 주참당년세계정

－禹瓚燮 우찬섭

당 짓던 옛날 떠올리니 그윽한 감회 이는데
자손이 보호하고 지키니 추모하는 마음 분명하여
예처럼 들보 사이 제비 얼마나 되왔으며
지금까지 당 위에는 달이 삼경 휘영청하니
감당 나무[92] 넉넉한 그늘 은혜 우의 전하고

92 감당 나무 : 원문의 감당(甘棠)은 감당 나무라는 나무 이름인 동시에 『시경(詩經)』 「소남(召南)」의 편명(篇名)이다. 주 무왕(周武王) 때 소공(召公)이 서백(西伯)으로 선정(善政)을 베풀었으므로, 백성들이 그를 추모한 나머지 그가 잠시 그늘 아래 쉬었던 감당 나무를 기념하여 잘 가꾸며 보존하는 한편, 이 시를 지어 불렀다고 한다.

높다란 나무[93] 남겨진 풍모 태평성대 즐거워
우리 마을 아직까지 공이 베푼 덕 외우니
말을 머문 그때부터 대대로 이어진 정이 있지.

– 우찬섭

93 높다란 나무 : 원문의 교목(喬木)은 몇 대에 걸쳐서 크게 자란 나무라는 뜻으로, 누대에 걸쳐 경상(卿相)을 배출한 명가(名家)를 비유할 때 쓰는 말이다. 『맹자(孟子)』「양혜왕(梁惠王)」에 "이른바 고국이란 대대로 커서 높이 치솟은 나무가 있다는 말이 아니요, 대대로 신하를 배출한 오래 된 집안이 있다는 것을 의미한다[所謂故國者, 非謂有喬木之謂也, 有世臣之謂也]."라는 말이 나온다.

96 短量孺肚露孤生 단량유두로고생
手把遺章眼忽明 수파유장안홀명
義高賓主無遐邇 의고빈주무하이
世閱春秋幾變更 세열춘추기변경
堂依山立三間屹 당의산립삼간흘
心與月圓一色平 심여월원일색평
松韻蒼蒼潭月白 송운창창담월백
微吟荒律復留情 미음황율부유정

– 禹永善 우영선

부족하고 어리기만 한 외로운 후손이
남기신 시를 손에 쥐니 눈 갑자기 밝아지는데
손님 주인 의리 높아 멀고 가까움 없었으나
봄가을로 세상 바뀌니 변한 것이 얼마인가
당은 산에 기대 서서 세 칸이 우뚝하고
마음은 달과 같이 둥글어 한 빛으로 고르니
솔 소리 우렁차고 못의 달은 환하여
거친 시를 나직이 읊조리며 다시 이 정을 담아보네.

– 우영선

97 天借兩家之緣 膠漆之賓主 代代連生
천차양가지연 교칠지빈주 대대연생

心照一片之鑑 玲瓏之水月 夜夜長明
심조일편지감 영롱지수월 야야장명

出處之不同 於窮於達 路雖霄壤
출처지부동 어궁어달 노수소양

志氣之相適 乃甘乃苦 味豈變更
지기지상적 내감내고 미기변경

樽有舊釀之旨 獻之酬之 眞率團圝
준유구양지지 헌지수지 진솔단란

板留古詩之佳 唱之和之 歌曲昇平
판유고시지가 창지화지 가곡승평

三百年之事久 耿耿追思難忘乎
삼백년지사구 경경추사난망호

遺蹟十世 誼之交切 源源從遊 所蔟者中情
유적십세 의지교절 원원종유 소족자중정

- 土地調査局 技手 禹大潤 토지조사국 기수 우대윤

하늘이 두 집안 인연 내려 교칠[94] 같은 손님 주인 대를 이어 생겼으니,

---

94 교칠 : 교칠(膠漆)은 교칠지교(膠漆之交)를 말한다. 교칠지교는 부레풀과 옻나무의 칠처럼 뗄 수 없는 친밀한 관계를 뜻하는

마음은 한 조각 거울 같이 비추고 영롱한 물과 달은 밤마다 길이 빛났지.

나가고 물러남이 같지 않아 곤궁과 현달에 길이 비록 하늘과 땅 같았으나

뜻과 기개가 서로 맞았으니 달고 쓴 것에 맛이 어찌 바뀌겠는가.

술통에 전에 빚은 좋은 술 있으니 술잔 주고받을 때 진솔하고 단란했으며,

현판에 옛날 지은 좋은 시 있으니 읊고 화답함에 곡조가 편안했지.

삼백 년의 일이 오래 되었지만 밝고 환하니 떠올려보면 잊기 어렵지 않겠는가.

열 세대 남긴 자취 아름다운 사귐 절실하니 끊임없이 이어진 교분 모으는 것이 정에 딱 맞는 것이지.

– 토지조사국 기수 우대윤

데, 『후한서(後漢書)』 권81 「독행열전(獨行列傳)」에 후한(後漢)의 진중(陳重)과 뇌의(雷義)의 우정이 몹시 돈독하여 당시 사람들이 "교칠이 굳다고 하지만, 진중과 뇌의의 우정만은 못하다[膠漆自謂堅, 不如雷與陳]."라고 했던 이야기가 나온다.

98 一堂關係兩先生 일당관계양선생
如在英靈誼講明 여재영령의강명
敢忘當年賓主好 감망당년빈주호
故承今日世時更 고승금일세시경
人去京鄕千里遠 인거경향천리원
家傳詩賦五言平 가전시부오언평
往事追惟修述地 왕사추유수술지
不勝感淚出中情 불승감루출중정

- 禹錫珉 우석민

당 하나가 두 어른과 관계되어
마치 영혼이 계신 듯 우의 환히 밝으니
감히 당시 주인 손님 호의를 잊겠으며
진실로 오늘날 세상의 변화를 잊겠나
사람은 서울 시골 천 리 멀리 떠났지만
집안에는 지은 시 다섯 수 널리 전했으니
지난 일 추억하며 정리해 책 펴는 곳에서
진정에서 우러나는 감격의 눈물 못 견디겠네.

- 우석민

99 故誼不忘新誼生 고의불망신의생
後人餘感自分明 후인여감자분명
殘夢能行路千里 잔몽능행로천리
孤懷相照月三更 고회상조월삼경
如斯流水來無盡 여사류수래무진
截彼環山立不平 절피환산입불평
堂號澹交非凡語 당호담교비범어
百年猶有表愚情 백년유유표우정

- 禹永豐 우영풍

옛 우의를 못 잊어 새 우의가 생기니
후손의 남은 감회 절로 분명하여
못 다 깬 꿈은 천 리 길을 떠돌고
외로운 그리움은 삼경 달이 비추니
끝없이 흘러오는 흐르는 물이 이것 같고
삐죽빼죽 서서 두른 산 저처럼 깎아지른 듯하니
당의 이름 담교는 평범한 말 아니어서
백 년 동안 오히려 우직한 정을 표하고 있지.

- 우영풍

담교당澹交堂 서문

우양섭禹良燮

담교당(澹交堂)의 취지(趣旨)는 어디에서 취한 것인가. 담담하게 사귀는 것은 물의 본성이다. 하물며 당시 주인과 손님이 유유자적하게 노닐던 옛일이 시로 읊어지고 서문으로 기록되어 벽에 걸린 푸른 비단에 아직까지 남아 있으니 그 후손이 된 자로서 어느 누가 감격하고 사모하여 어찌할 바를 모르지 않겠는가. 그러나 이 일은 앞의 글에 자세히 자세히 밝혀져 있으니 감히 다시 번거롭게 하지 않는다. 그러나 간곡하게 대를 이은 우의(友誼)는 오래될수록 더욱 잊기 어렵기 때문에 여기에서 감히 몇 줄을 더 이야기한다.

이전 임진왜란(壬辰倭亂) 때 달촌(達村) 윤공(尹公) 휘 국형(國馨)께서 일이 있어 이곳에 머무셨는데, 나의 9대조 휘 벽(璧)과 지위로는 비록 주인과 손님이었으나 교분으로는 형제와 같았다. 그 교의(交誼)가 끊임없이 이어졌으니, 옛날 도원결의(桃園結義)[1]라도 이를 넘어서지 못한다. 『시경(詩經)』에 이르기를,

"검은 옷이 잘 맞음이여, 해지면 내 또 만들어 드리리라. 그대 조정에 가심이여, 돌아오시면 내가 좋은 밥 지어 드리리라[緇衣之好兮, 敝予又改造兮. 適子之館兮, 還予授子之粲兮]."[2]라고 하였는데, 이 두 구는 허리띠에 써서 항상 마음속에 기억해 둘 만한 것이다.[3]

---

1 도원결의(桃園結義) : 뜻을 같이하는 사람들이 집단을 결성하고 같이 행동하기로 맹세하는 것을 일컫는 말이다. 나관중이 지은 『삼국지연의(三國志演義)』에서 유비・관우・장비가 한나라 말 황건적이 세상을 어지럽히자 이를 퇴치하고 백성을 구제하기로 도원(桃園)에서 결의하면서 의형제를 맺은 데에서 비롯된 말로, 결의하면서 하늘에 소를 잡아 제사를 지냈는데, 하늘에 맹세하기를 "유비・관우・장비가 비록 성은 다르나 이미 의를 맺어 형제가 되었으니, 마음과 힘을 합해 위로는 나라에 보답하고 아래로는 백성을 편안케 하려 하고, 한 해 한 달 한 날에 태어나지 못했어도 한 해 한 달 한 날에 죽기를 원하니, 하늘과 땅께서는 굽어살펴 의리를 저버리고 은혜를 잊는 자가 있다면 하늘과 사람이 함께 죽이소서."라고 했다. 후대에는 의형제를 맺었다는 의미로도 흔히 사용되었다.

2 검은……드리리다 : 이 구절은 『시경(詩經)』 「정풍(鄭風)」 〈치의(緇衣)〉장에 나오는 말인데, 정(鄭)나라 환공(桓公), 무공(武公) 부자(父子)가 연이어 주(周)나라의 사도(司徒)가 되어 직임(職任)을 잘 수행하므로, 정나라 사람들이 그 덕을 찬양하여 친애(親愛)하는 정을 노래한 것이다.

3 허리띠에……것이다 : 원문의 삼복서신(三復書紳) 중 삼복(三

이로부터 적막했던 추도(楸島) 마을의 명성이 예사롭지 않게 되었으니, 산은 비록 나지막하지만 깊고 외졌으며, 냇물은 비록 개울물이나 잔잔하고 조용히 흘러 인간 세상에서 분명하게 만날 수 있는 곳이라고 할 수 없었다. 때때로 마주 앉아 이야기를

復)은 삼복백규(三復白圭)에서 온 말로 항상 가슴속에 명심하며 잊지 않겠다는 뜻이다. 『시경(詩經)』 「대아(大雅)」 〈억(抑)〉장에 "흰 옥돌 속에 있는 오점(汚點)은 그래도 깎아서 없앨 수 있지만, 말을 한 번 잘못해서 생긴 오점은 어떻게 해 볼 수가 없다[白圭之玷, 尙可磨也, 斯言之玷, 不可爲也]."라는 말이 나오는데, 『논어(論語)』 「선진(先進)」에 "남용이 백규의 글을 세 번씩 되풀이하여 읽으니, 공자가 형의 딸을 그의 아내로 삼아 주었다[南容三復白圭, 孔子以其兄之子妻之]."라고 하였다. 서신(書紳)은 중요한 말을 잊지 않도록 허리에 맨 띠에 적어 두는 것으로, 『논어』 「위령공(衛靈公)」에 자장(子張)이 일찍이 행해짐[行]을 물으니 공자가 "말이 충신하고 행실이 독경하면 오랑캐의 나라에서도 행해질 수 있지만, 말이 충신하지 못하고 행실이 독경하지 못하면 주리(州里)에 선들 행해질 수 있겠는가. 일어서면 충신 독경이 눈앞에 드러나는 것을 볼 수 있고, 수레에 있으면 충신 독경이 멍에에 기대 있음을 볼 수 있어야 하니, 그런 다음에야 행해질 수 있는 것이다[言忠信, 行篤敬, 雖蠻貊之邦行矣. 言不忠信, 行不篤敬, 雖州里行乎哉? 立則見其參於前也, 在輿則見其倚於衡也, 夫然後行]."라고 하자, 자장이 이 말씀을 큰 띠에 적었다고 했는데, 이 일에서 유래한 것이다.

나누면서 혹 구름과 나무 짙푸른 속에 시를 써서 벗을 그리는 마음을 쏟아내기도 하고 혹 산과 물이 끝없이 펼쳐진 속에 거문고 가락을 연주하여 좋은 소리를 담아내기도 하였으니 만남의 고상한 모임이 이때부터 이미 두 집안에서 대대로 내려오는 관습이 되었다. 이 마을에 사는 사대부들이 지나가며 공경하고 부러워하기를 "최씨(崔氏) 가문 열아홉 세대의 부귀(富貴)[4]도 당나라 문인 최호(崔灝)가 지은 〈등황학루(登黃鶴樓)〉 시 한 편만 못하다고 하였으니, 이것은 명언이다."라고 하였다.

금년 갑인년(甲寅年, 1914년)에 두 집안에서 힘을 합해 선조들의 유적을 모아 그 일을 분명히 하고자 계획하였으니, 참으로 선조를 추모하여 잊지 못하는 정성에서 나온 것이 아니겠는가. 아! 군자의 유풍(流風)도 다섯 세대가 지나면 끊어진다고 하였으니[5], 비록 효성스러운 자손이라고 하더라도 이를 넘어서지

---

4 최씨(崔氏)……부귀(富貴) : 최씨(崔氏)는 중국 육조(六朝) 시대 양(梁)나라와 진(陳)나라 때부터 당(唐)나라 때까지 산동(山東)의 문벌로 권력을 누리며 번성한 최씨(崔氏) 집안을 말한다. 최씨 집안은 당나라 시대 노씨(盧氏)·정씨(鄭氏)·이씨(李氏) 집안과 함께 당시 현달하였던 네 성씨(姓氏) 중 하나였다.

5 군자의……하였으니 : 『맹자(孟子)』 「이루(離婁)」에 "군자의 유풍은 다섯 세대가 지나면 끊어지고, 소인의 유풍도 다섯 세대가 지나면 끊어진다[孟子曰, 君子之澤五世而斬, 小人之澤五世而

못하는데, 하물며 12, 13세대까지 멀리 전해진 것이겠는가. 이와 같이 전해진다면 오늘날 10세대 손님과 주인의 우의(友誼)가 또 앞으로 올 백 세대 손님과 주인 우의의 근본이라고 말할 수 있을 것임을 어찌 알겠는가.

용문(龍門) 우양섭(禹良爕)
갑인년(甲寅年, 1914년) 12월 하한(下澣)
『강수집(講修集)』을 마치며

원문

澹交堂序
담 교 당 서

澹交堂趣旨。 何所取焉。 澹以交者。 水之性也。 而
담 교 당 취 지 　 하 소 취 언 　 담 이 교 자 　 수 지 성 야 　 이

況當年賓主逍遙之故事。 詩以詠之。 序以記之。 揭
황 당 년 빈 주 소 요 지 고 사 　 시 이 영 지 　 서 이 기 지 　 게

壁紗籠。 尙在矣。 爲其後裔者。 孰不感慕罔知攸
벽 사 롱 　 상 재 의 　 위 기 후 예 자 　 숙 불 감 모 망 지 유

爲。 而前述昭然。 不敢復贅。 繾綣之世誼。 愈久難
위 　 이 전 술 소 연 　 불 감 부 췌 　 견 권 지 세 의 　 유 구 난

忘。 故玆敢數行追述曰。 在昔龍蛇之亂。 達村尹公
망 　 고 자 감 수 행 추 술 왈 　 재 석 룡 사 지 란 　 달 촌 윤 공

諱國馨。 因事來寓於玆。 與我九代祖諱璧。 位雖主
휘 국 형 　 인 사 래 우 어 자 　 여 아 구 대 조 휘 벽 　 위 수 주

斬].”라고 하였다.

客。誼洞伯仲。源源相從。雖古之桃園結義。不是
객 의동백중 원원상종 수고지도원결의 불시
之過也。詩曰緇衣之好兮。敝余又改造兮。適子之
지과야 시왈치의지호혜 폐여우개조혜 적자지
舘兮。還余授子之粲兮。此二句。三復書紳者也。
관혜 환여수자지찬혜 차이구 삼복서신자야
自此寂寞楸島之鄕。名不尋常。山雖野而幽僻。川
자차적막추도지향 명불심상 산수야이유벽 천
雖澗而潺湲。不謂人境之昭然相遭者也。有時乎對
수간이잔원 불위인경지소연상조자야 유시호대
坐打話。或雲樹蒼蒼而瀉朋襟於韵語。或山水洋洋
좌타화 혹운수창창이사붕금어운어 혹산수양양
而懷好音於琴心。邂逅高會。已爲兩家世襲之掌故
이회호음어금심 해후고회 이위양가세습지장고
也。居鄕士夫。過而欽羡曰。崔之十九富貴。不如
야 거향사부 과이흠선왈 최지십구부귀 불여
黃鶴樓一詩。 此乃名言也。 夫是歲甲寅。 兩謨大
황학루일시 차내명언야 부시세갑인 양모대
同。遺蹟之蔟明事。寔出於追慕不忘之誠乎。噫。
동 유적지족명사 식출어추모불망지성호 희
君子之澤。五世斬。雖孝子慈孫。不是之過。而況
군자지택 오세참 수효자자손 불시지과 이황
十有二三傳之遠乎。如是傳之。則今日十世賓主之
십유이삼전지원호 여시전지 즉금일십세빈주지
誼。亦安知來后百世賓主之張本也云爾。
의 역안지래후백세빈주지장본야운이

龍門 禹良燮。
용문 우양섭

歲在甲寅十二月下澣。講修集終。
세재갑인십이월하한 강수집종

부록

부록 1. 파평윤씨의 족보상 8대 방파 및 윤국형의 위치

부록 2. 차운시 저자들 중 파평윤씨의 소속 및 참고 자료

부록 3. 차운시 저자 12분의 약력 소개

부록 4. 담교당강수집澹交堂講修集 영인본

(※영인본은 책 끝부터 우철로 수록되었습니다.)

【부록 1】

파평윤씨의 족보상 8대 방파 및 윤국형의 위치

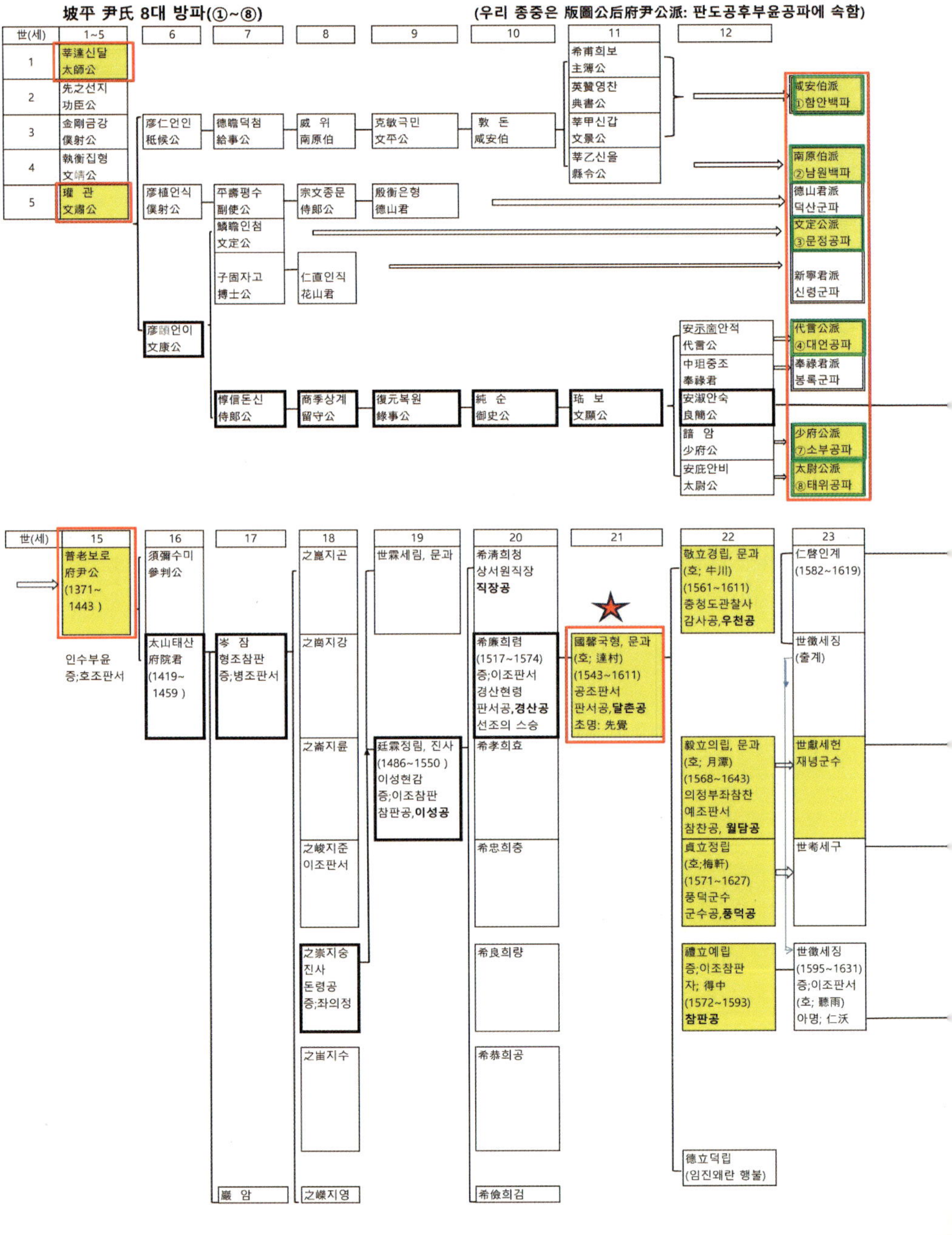

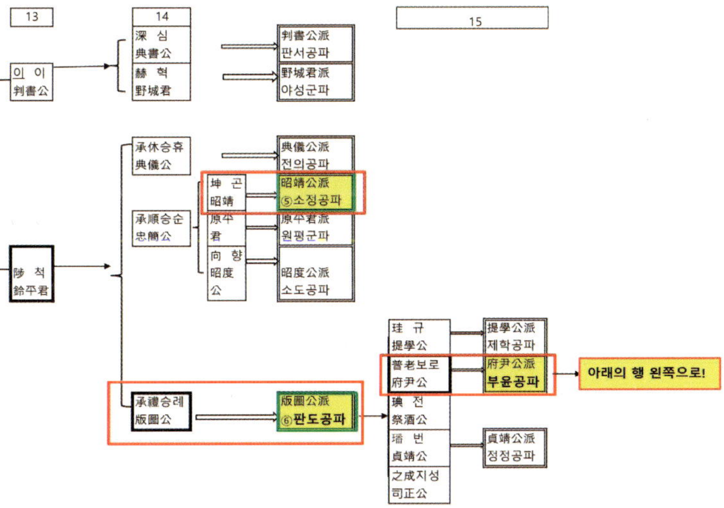

24	25	26	27	28	29	30	31	32	33	34	35	36	37	38
以震이진	善慶 선경	師規 사규	弼履 필이	昌任 창임	行敏 행민	儀圭 의규	聖鉉 성현	弘淳 홍순	顯模 현모	敦熙 돈희	一基 일기 (1938~	潤鐸 윤탁	廷薰 정훈	
以乾이건	來慶 내경	師奭 사석 師德 사덕	>女 류욱 >弼漢 필한	應鼎 응정	行紳 행신	錫圭 석규	炳鉉 병현	泰淳 태순	性模 성모	用善 용선	明九 명구	炳哲 병철		
以升이승	始慶 시경	道一 도일	弼宗 필종	定相 정상	行秀 행수	大圭 대규	鍾鉉 종현	顯淳 현순	泰模 태모	西熙 서희	萬基 만기			
以益이익, 진사 (1616~1689) 나주목사	熙慶 희경	師聖 사성	弼殷 필은	光漢 광한	行德 행덕	執圭 집규	鍾振 종진 ㅓ							
以濟이제, 문과 (1628~1701) 형조판서 공조판서 한성부 판윤 삼재공**三宰公**	集慶 집경	師寬 사관	弼成 필성	宗相 종상	行天 행천	秉圭 병규	奭鉉 석현	熙淳 희순	性模 성모	昌燮 창섭	鳳載 봉재	炳玉 병옥	仁寧 인녕 / 義寧 의녕	成載 성재 / 成昱 성욱

【부록 2】
차운시 저자들 중 파평윤씨의 소속 및 참고 자료

기재 순서	차운시 번호	성 명 (세)	경립, 의립, 정립 예립 중 소속	비 고
1	1	尹國馨 (21)	-	첫 차운시인 「澹交堂韻」의 저자 (1543~1611), 1593년 1번 원운시를 작성 초명은 "윤선각(尹先覺)"
2	3	尹毅立 (22)	의립 본인	(1568~1643), 1624년 시 작성
3	5	尹世獻 (23)	의립	(1608~1669), 1658년 산문과 시 작성
4	6	尹以益 (24)	예립	책 속에 "개천군수" (1616~1689), 1671년 가을 시 작성
5	7	尹以濟 (24)	예립	책 속에 "평안도 관찰사" (1628~1701), 1689년 봄 시 작성
6	9	尹應漢 (28)	예립	(1776~1801)
7	19	尹承圭 (30)	예립(?)	책 속에 "전 주사", 1850년생
8	21	尹曾圭 (30)	?	경립, 의립, 정립, 예립 어디에도 없음.
9	23	尹喆圭 (30)	예립	책 속에 "전 관찰사", (1855~?)
10	25	尹貞圭 (30)	예립	책 속에 "전 교원", (1867~1941)

11	27	尹商鉉 (31)	예립	책 속에 "전 교원", (1864~?), 1914년 서문과 시 작성
12	30	尹庚圭 (30)	예립	책 속에 "정삼품 전 판사", (1840~?)
13	31	尹炳鉉 (31)	예립	책 속에 "전 주사", (1876~?)
14	33	尹邦鉉 (31)	예립	책 속에 "전 판사", (1878~1933) 한성재판소 판사, 양주에 묘소가 위치함
15	35	尹壽鉉 (31)	예립	책 속에 "전 참위", (1879~?)
16	37	尹一淳 (32)	경립, 의립, 예립에 각 1명	책 속에 저자의 이름만 남아 있어 세 분 중 어느 분인지 알 수가 없음(?)
17	39	尹弘淳 (32)	예립	책 속에 "전 위원", (1865~?), 학무위원 1914년에 두 번째 기실(記實)과 시를 작성
18	41	尹興淳 (32)	예립	책 속에 "전 교원", (1884~1935) 포천초등학교 설립자
19	43	尹璋淳 (32)	예립	(1885~1950), 전 청산면장, 사진 있음
20	45	尹聖模 (33)	경립, 정립(1), 정립(2)	책 속에 저자의 이름만 남아 있어 세 분 중 어느 분인지 알 수가 없음(?)
21	47	尹益模 (33)	예립	책 속에 "토지조사국 서기", (1892~?), 1914년 늦은 봄 산문과 시 작성
22	49	尹聲模 (33)	예립	(1898~?)

【부록 3】

차운시 저자 12분의 약력 소개

1) 윤국형尹國馨(1543~1611, 차운시 1번 저자)

조선 중기에 충청도관찰사, 병조참판, 공조판서 등을 역임한 문신으로 1543년(중종 38)에 경상도 의성현에서 태어나시어 1611년(광해군 3)에 사망하셨다.

본관은 파평(坡平)이며 시조 윤신달(尹辛達)의 21세손으로 자는 수부(粹夫), 호는 달촌(達村)과 은성(恩省)으로 초명은 윤선각(尹先覺)이었으나 같은 이름으로 좋지 않은 일에 연루된 자가 있어 아명인 국형(國馨)으로 개명하였다.

증조부는 돈녕부(敦寧府) 도정(都正) 윤지숭(尹之崇), 조부는 이성현감(利城縣監)을 지내고 이조참판에 추증된 윤정림(尹廷霖), 부친은 경산현령(慶山縣令)을 지내셨고 선조의 스승이었으며 이조참판에 추증된 윤희렴(尹希廉)이다. 어머니는 한산이씨 이여경(李餘慶)의 따님이고, 부인은 평양조씨(平壤趙氏) 조수(趙琇)의 따님으로 슬하에 5남1녀를 두셨다.

경기도 양주시 장흥면에 위치한 윤국형의 묘와 석물의 모습

윤국형의 묘지 하단에 설치된 신도비의 앞면과 뒷면의 사진

1561년(명종 16) 사마시에 생원과 진사 양 과에 모두 합격하였고, 1568년(선조 1) 26세의 나이로 증광시 문과에 병과로 급제한 후, 사간원정언, 예문관응교, 홍문관부제학, 승정원좌승지 등을 역임하였다. 신묘년(1591년) 충청도관찰사로 제수되자 왜적의 침입에 대비하여 무기를 정비하였으나, 다음 해 임진왜란이 일어나 왜적을 막아 내다 패하여 파직당하였다. 뒤에 다시 기용되어 1598년 한성부 우윤을 지내셨고, 유성룡의 실각 당시 탄핵되었다가 1605년(선조 38) 장례원(掌隷院) 판결사(判決事)로 복귀하였고, 병조참판, 동지중추부사(同知中樞府事) 등을 거쳐 비변사당상(備邊司堂上)이 되어 왜란 뒤의 혼란한 업무들을 처리하였으며, 광해군 즉위년인 1608년에는 좌윤, 대사성, 형조참판을 역임했고 특지로 공조판서(工曹判書)에 임명되었고, 1609년에 의정부 우참찬과 대사헌을 거쳐 중추부지사, 마지막으로 1610년에 공조판서에 다시 임명되었다. 1611년(광해 3)에 생을 마감하시어 남한산성 아래 합장 후 1611년 현재의 위치인 경기도 양주시 장흥면으로 이장하였다.

저서로는 문소만록(聞韶漫錄)과 갑진만필(甲辰漫筆)이 있다.

2) 윤의립尹毅立(1568~1643, 차운시 3번 저자)

조선 중기 형조판서와 예조판서를 지낸 조선 후기의 문신이며 문인 화가로 1568년(선조 1) 태어나시어 1643(인조 21)년에 사망하셨다.

파평윤씨(坡平尹氏) 22세손으로 자는 지중(止中), 호는 월담(月潭). 초명은 윤의립(尹義立). 인조반정 이후 의립(義立)에서 의립(毅立)으로 이름을 바꾼 듯하다. 할아버지는 경산현령을 지내시고 증 이조판서를 받으신 윤희렴(尹希廉)이며, 아버지는 공조판서를 지내시고 증 영의정을 받으신 윤국형(尹國馨)이다. 어머니는 평양조씨(平壤趙氏) 조수(趙琇)의 딸이다. 첫째 부인은 죽산박씨(竹山朴氏)이며 슬하에 1남3녀를 두셨고, 둘째 부인은 초계정씨(草溪鄭氏)는 양주목사 정약(鄭爚)의 딸로 슬하에 3남1녀를 두셨다.

1594년(선조 27) 별시문과에 병과로 27세 나이로 급제하여 예문관 검열, 홍문관 대교, 응교를 지냈고, 춘방(春坊)[세자시강원] 설서(說書)가 되었다. 1602년에 양주목사에 제수, 38세에 당상관에 승차, 승정원 우부승지, 호조참의를 제수받았다. 이후 1623년(인조 1) 형조참판, 예조참판, 유사당상에 올랐으나, 1624년(인조 2) 조카가 이괄(李适)의 난에 연루되어 처형되면서 벼슬을 내놓았다. 2년 후인 1626년(인조 4) 복귀하여 경주부윤이 되었다. 1631년(인조 9)에는 전라도 관찰사, 1632년(인조 10)에는 인천부사, 1633년(인조 11)에는 1월 충청도 관찰사가 되었고, 1634년(인조 12)에는 2월 병조참판에 임영되었고, 그 뒤에 경기도 관찰사를 거쳐 예조참판과 공조참판을 역임하였다. 1636년(인조 14) 병자호란이 일어나자 임금을 호종하여 남한산성으로 피란하였고, 인조를 호종한 공로로 가의대부(嘉義大夫)에 승품하였으며 형조판서에 임명되었다. 1637년(인조 15)에 자헌대부의 반열에 올라 공조판서에 임영되었고 의정부좌참찬이 되었다. 1641년(인조 19)에 예조판서로 있다가 탄핵을 받아 파직되었다. 외직으로는 양주(楊州), 강화(江華), 광주(廣州), 장단(長端)의 부사를 거쳐, 경상도, 충청도, 경기도, 함경도에서는 관찰사를 지내셨다.

1643년 사망하신 후 양주시 남면 경신리 산27번지에 초계정씨와 합장으로 모셔졌다.

한편, 1643년(인조 21)의 기록인『인조실록(仁祖實錄)』44권에는 윤의립에 대해 "외관이 단아하고 성품은 관대하며 겸손하고 신중하였다. 중요한 벼슬을 두루 역임하였고, 여러 지방의 장관으로 나가서는 선정을 베풀어 칭송을 들었다. 재상에 오른 지 20여 년이 되었으나 한결같이 청빈하여 사람들이 높이 평가하였다."라고 적혀 있다.

국립중앙박물관이 소장하고 있는 윤의립의 산수화첩도(봄·여름·가을·겨울)

『동국문헌(東國文獻)』 화가편(畵家篇)에 소개될 만큼 산수화 실력이 뛰어났다. 현재 남아 있는 작품은 국립중앙박물관에 소장되어 있는 6폭의 『산수화첩(山水畵帖)』과 공의 그림으로 추정되는 「산수화(山水畵)」 두 폭이다. 『산수화첩』을 통해 공의 그림들은 중국 남송(南宋)의 마하파(馬夏派)[마원(馬遠)과 하규

(夏珪)의 화풍] 및 조선 초기 안견파(安堅派)의 영향을 받았음을 알 수 있다. 하지만 산을 울퉁불퉁하게 표현한 것이나 표면 처리, 새로운 편파 구도 등에서 윤의립만의 개성을 엿볼 수 있다. 아우인 윤정립(1671~1627)과 함께 조선후기 형제 화가로서 명성이 높았다.

저서로는 『야언통재(野言通載)』와 만물의 표상에 대해서 묻는 『산가청사(山家淸事)』가 있다.

3) 윤세헌尹世獻(1608~1669, 차운시 5번 저자)

위의 2번에 소개한 윤의립(尹毅立: 1568~1643)의 둘째 아들(二男)로 1608년(선조 41)에 태어나셨고, 파평윤씨(坡平尹氏) 23세로 자는 회경(誨卿), 호는 간옹(鬜翁)이다.

1642년(인조 20) 임오(壬午) 식년시(式年試)에서 진사(進士)로 합격하였다.

진사로 합격하기 이전에 사헌부 감찰을 지냈으며, 이후 재령군수(載寧郡守), 영천군수(永川郡守), 경주진관병마동검절제사(慶州鎭管兵馬同劍節制使)를 역임하셨다.

4) 윤이익尹以益(1616~1689, 차운시 6번 저자)

파평윤씨(坡平尹氏) 24세손으로 자는 수지(受之)이다. 증조부는 공조판서 국형(國馨)이고, 부친은 국형의 장남인 충청도 관찰사를 지낸 경립(敬立)의 둘째 아들로 태어나 후사가 없던 넷째 숙부인 예립(禮立)에게 입계(入系)한 윤세징(尹世徵)이다. 윤세징은 이항복의 사위로 현재 "파평윤씨 판서공(휘 세징)파 종중"의 시조이며 포천의 입향조로 추앙받고 있다. 윤세징(尹世徵)과 모친인 첫째 부인 경주이씨(慶州李氏)의 장남으로 1616년(광해군 8) 지금의 포천시 군내면 용정리에서 출생하였으며, 이항복의 외손주이다. 부인은 강릉김씨(江陵金氏)로, 군수 회종(會宗)의 딸이고, 2남 2녀를 두었는데 장남 희경(熙慶)은 무과(武科)에 급제하여 주부(主簿)가 되었다.

1642년 경오년 식년시(式年試) 진사과(進士科)에 급제하였다. 1648년(인조 26) 1월에 의금부도사(義禁府都事)에 임명되었으며, 같은 해 12월에 사포 별제(司圃別提)가 되었다. 1655년 감찰, 형조좌랑, 1656년 태인현감, 1662년 영평 현령, 1665년 인의 겸 참군, 형조좌랑, 1667년 개천군수, 1672년 의금부도사, 1673년 금산군수에 부임하였다. 1675년(숙종 1) 9월에 밀양부사에 부임하였다가 1676년(숙종 2) 10월 3일에 나주목사에 부임하여 1677년(숙종3) 2월까지 재임하였다.

1689년(숙종 15)에 향년 74세로 졸서하였고, 같은 해 10월에 예법에 따라 현재 포천시 군내면 용정리 192-1에 위치한 선영(先塋) 간좌(艮坐)의 언덕에 장례하였다.

5) 윤이제尹以濟(1628~1701, 차운시 7번 저자)

파평윤씨(坡平尹氏) 24세손으로 자는 여집(汝楫)이며, 부친 윤세징(尹世徵)과 문화류씨(文化柳氏) 사이에서 태어난 둘째 아들로 포천시 군내면 용정리에서 1628년(인조 6)에 출생하였다.

호주(湖洲) 채유후(蔡裕後: 1599~1660)와 동주(東州) 이민구(李敏求: 1589~1670)의 문하에서 수학하였고, 1654년(효종 5) 생원시에 합격하였으며 1663년(현종 4) 식년 문과에 을과(乙科)로 급제하였다. 1666년(현종 7) 강서현령을 지냈고, 1669년(현종 10) 평양서윤을 거쳐 1673년(현종 14) 예조정랑에 임명되었다. 1674년(현종 15) 성균사예로 옮겼다가 그해 충주목사에 임명되었고, 1675년(숙종 1) 의주부윤이 되고, 1677년(숙종 3) 병조참의가 되었다. 1678년(숙종 4) 승지에 임명되었고, 그해 강화유수가 되어 해안 방어를 위한 강화 돈대(墩臺)를 축조하였다. 1680년(숙종 6) 호조참판이 되었다가 충청도 관찰사로 나갔다. 그해 서인이 정권을 잡은 경신대출척(庚申大黜陟)이 일어나자 남인에 속하였던 윤이제는 근신하며 관찰사직을 수행하였으나 1681년(숙종 7) 대간의 탄핵을 받고 파직되었다. 1682년(숙종 8) 서원현령에 임명되었다가 그해 진하겸진주사은부사(進賀兼陳奏謝恩副使)가 되어 영창군(瀛昌君) 이침(李沈), 한태동(韓泰東)과 함께 청나라 연경(燕京)에 다녀왔다. 1683년(숙종 9) 한성부 우윤에 임명되었고, 이후 장단 부사 · 안동 부사 · 평안도 병마절도사 · 형조참판 등의 관직에 임명되었으나 나아가지 않았다. 1686년(숙종 12) 경기도 관찰사, 1687년(숙종 13)~1689년 사이에는 평안도 관찰사를 역임하셨고, 이 기간에 담교당을 신축하는 데 결정적인 역할을 하신 것으로 보인다. 1689년(숙종 15) 기사환국이 일어나자 남인으로 어영대장에 임명되었고, 다시 예조참판 겸 비국당상 동지의금부사를 지냈다. 다시 한성부 우윤과 좌윤, 한성부 판윤을 거쳐 형조판서로 승배(陞拜)하였다. 이때 숙종의 신임이 대단했는데, '일일지정 오인초배(一日之政五人超拜)'란 말이 나왔을 정도이다. 다섯 사람 이현일(李玄逸), 유하익(兪夏益), 유명현(柳命賢), 강선(姜銑), 윤이제(尹以濟) 등이 하루아침에 뛰어올랐기 때문이다. 같은 달에 다시 형조판서에 올랐다. 1691년(숙종 17) 4월 원접사(遠接使)가 되어 청나라 사신을 맞았다. 그해 총융사를 거쳐 1692년(숙종 18) 다시 어영대장에 임명되었다. 그해 우참찬 · 공조판서 · 형조판서를 거쳐

1693년(숙종 19) 또다시 어영대장에 임명되었다. 1694년(숙종 20) 갑술옥사(甲戌獄事)가 일어나 삭탈관직 되어 문외출송(門外出送)되었다가 바로 사면을 받고 향리인 포천으로 내려와 은거하였다. 1698년(숙종 24)에 윤이제 등을 다시 서용(敍用)하자는 결정이 내려졌다. 1699년(숙종 25) 부호군에 임명되었다가 기로소(耆老所)에 들어갔다. 전후 네 번 형조판서를 지내고 두 번 한성부 판윤을 지냈으며 여러 번 어영대장을 역임하였으나 청렴결백하고 몸가짐을 삼가, 남인으로서 숙종 대환국의 소용돌이 속에서도 큰 화를 당하지 않았다. 1701년(숙종 27) 6월 11일에 별세하니 향년 74세이다.

포천 호곡(壺谷: 호병골)에 초장(初葬)하였다가 현재의 포천시 군내면 용정리 192-1에 위치한 선영(先塋)의 북동쪽 언덕으로 이장(移葬)하였는데, 전후(前後) 배위(配位)와 함께 같은 무덤이다. 첫 부인인 진주유씨(晉州柳氏: 1626~1642)는 사인(舍人) 유영(柳穎: 1603~1646)의 딸이다. 슬하에 1남을 두었는데 집경(集慶)으로 진사(進士)이다. 계배(繼配)는 전주이씨(全州李氏: 1627~1701)로 풍해군(豐海君) 이잠(李潛: 1585~1648)의 딸이다. 슬하에 2남을 두었는데 지경(趾慶)은 진사(進士)이고, 다음으로 기경(基慶)은 문과에 급제하여 진주목사(晉州牧使)를 지냈다. 집경(集慶)의 아들 사관(師寬)은 참봉(參奉)이다. 지경(趾慶)의 아들 사완(師完)은 문과에 급제하였으며, 둘째는 사정(師定)이다. 기경(基慶)의 아들은 사용(師容)이다. 사관(師寬)의 아들은 필성(弼成)으로 진사이며, 사완(師完)의 아들 필중(弼重)도 진사이다. 사정(師定)의 큰아들은 필양(弼襄), 둘째는 필굉(弼宏)이다. 사용(師容)의 아들은 필영(弼永, 둘째는 필정(弼正)으로 진사이다. 셋째는 필병(弼秉)으로 문과에 급제하여 후에 호조참판을 역임했다.

6) 윤응한尹應漢(1776~1801, 차운시 9번 저자)

파평윤씨(坡平尹氏) 28세손으로 자는 유용(孺龍)이다. 증조부는 5번에 소개된 형조와 공조판서를 지낸 윤이제(尹以濟)이고, 조부는 통훈사복시정(通訓司僕寺正)으로 추증된 윤사용(尹師容), 부친은 문과에 두 번 급제하고 호조참판을 지낸 필병(弼秉)이다. 외아들로 태어나 7남1녀를 두었고, 이조참판(吏曹參判)으로 추증되었다.

저서로는 옥계기문십육권(玉溪記聞十六卷)이 있다.

7) 이송심李松心(1738~?, 첫 번째 서문 작성자, 차운시 11번 저자)

본관은 장수(長水)이며 자는 군옥(君玉)이다. 무오생(1738년,

영조 14)으로 조부는 문과급제자이신 이연기(李淵起)이고 부친은 이성악(李星岳)이며 거주지는 순안(順安)이다.

영조(英祖) 41년(1765) 을유(乙酉) 식년시(式年試) 병과(丙科)로 28세의 나이로 문과에 급제하셨으며 급제 이전에는 통덕랑(通德郞)을 지냈고, 이후 이 책의 첫 번째 서문을 쓰셨는데 서문 말미에 통훈대부(通訓大夫)를 제수받으신 것으로 적혀 있으며 행금교도(行金郊道) 찰방(察訪)을 역임하였다고 나와 있다. 찰방은 조선시대 각 도의 역참(驛站)을 관리하던 종6품 외관직으로, 역참의 대장이자 역정(驛政)의 최고 책임자였다고 한다.

8) 윤상현尹商鉉(1864~?, 두 번째 서문 작성자, 차운시 27번 저자)

파평윤씨(坡平尹氏) 31세손으로 자는 생기(生忌)이다. 갑자생(1864년)으로 생부는 윤영규(尹泳圭)이고 큰아버지이신 윤형규(尹衡圭: 1826~1853)에게 양자로 입계(入系)하셨다.

이 책의 서두에 이송심의 서문 바로 다음에 배치된 1914년 9월 9일 중양절에 담교당을 방문하시어 윤익모(尹益模: 1892~)님의 부탁을 받아 서문을 작성하시고 전 문묘직원(前文廟直員)이라 쓰셨고, 이후에 위치한 27번 시를 쓰시고 하단에 전 직원(前直員)이라고 쓰셨는데, 족보상에도 직원(直員)으로 되어 있다. 문묘직원은 향교에서 부윤이나 군수의 감독하에 문묘를 지키고 서무에 종사하는 직업을 의미한다고 알려져 있다.

9) 윤경규尹庚圭(1840~?, 차운시 30번 저자)

파평윤씨(坡平尹氏) 30세손으로 자는 성조(聖肇)이다. 경자생(1840년, 헌종 6)으로 부친은 윤행기(尹行驥)이다.

족보에는 진사로 기록되어 있으며, 구한말인 1895년 ~ 1899년 사이에 한성재판소의 판사로 근무하신 기록이 있다. 한편, 파평윤씨 대동보(1920년 간행, 경신대보)의 서문을 쓰시는 등 족보 편찬에 크게 기여하신 기록을 발견할 수 있다.

10) 윤방현尹邦鉉(1878~1933, 차운시 33번 저자)

파평윤씨(坡平尹氏) 31세손으로 자는 명신(命新)이다. 무인생(1878년, 고종 15)으로 부친은 윤철규(尹喆圭)이고, 부인은 은진송씨(恩津宋氏)이고 3남을 두셨다.

족보에는 진사로 기록되어 있으며, 구한말인 1900년 ~ 1908년 사이에 한성재판소의 판사로 근무하신 기록이 있다. 한편, "구민집"에 등장하는 판사의 경력과 학력에 의하면 일본유학생으로 분류됨을 알 수 있다.

양주에 위치한 묘비에 의하면 한성재판소 판사 외에 검사, 변호사, 법률기초위원 및 법관양성소 교수, 법관전형 고시위원을 지내신 것으로 기록이 남아있다. 한편, 묘비에 적힌 생졸일은 족보와는 다르게 1875년 1월 13일 태어나시고, 1933년 9월 21일 돌아가신 것으로 적혀있다.

11) 윤흥순尹興淳(1884~1935, 차운시 41번 저자)

파평윤씨(坡平尹氏) 32세손으로 자는 공빈(公賓)이다. 갑신생(1884년, 고종 15)으로 부친은 위 8번 항에 소개했고 27번 시의 저자이신 윤상현(尹商鉉)이고, 부인은 한양조씨(漢陽趙氏)이고 1남을 두셨다.

공은 아버님인 윤상현님의 의지에 따라 옥성의숙을 설립하였다가 이선관 선생이 세우신 신야의숙과 함께 폐교한 후 둘을 합하여 나라에서는 포천초등학교의 전신인 공립보통학교를 세우게 되었다. 1911년(명치 44년) 즉시 교원으로 임명되었다가 1921년(대정 10년)에 제 3종시험에 합격하여 부훈도가 되었고, 일 년 후인 1922년에 정식 훈도로 승진하여 1929년(소화 4년)까지 근무하셨다. "진정하게 베푸는 교육가"라는 교장의 칭찬과 함께 상을 받으셨고, 1935년에 병으로 집에서 사망하셨다.

졸업생들이 모여 설립자이신 공을 기려 학교 교정에 아래의 사진과 같은 기념비를 세웠고 아직까지 잘 보존하고 있다.

앞면

옆면

뒷면

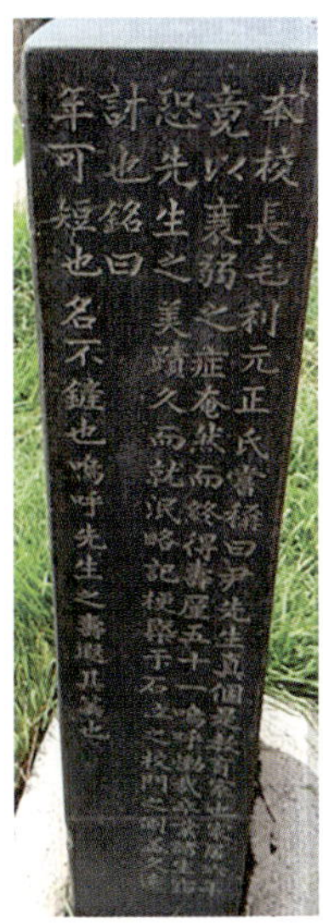

옆면

포천초등학교에 위치하고 있는 설립자 윤흥순 님의 기념비

12) 윤장순尹璋淳(1885~1950, 차운시 43번 저자)

파평윤씨(坡平尹氏) 32세손으로 자는 봉서(鳳瑞)이다. 을유생(1885년, 고종 16)으로 부친은 윤명현(尹命鉉)이고, 부인은 전주이씨(全州李氏)로 3남을 두셨다.

윤명현님의 일남(一男)인 윤장순(尹璋淳) 님은 청산면장을 지내셨고, 이남(二男)인 윤영순(尹瑛淳: 1890~1959) 님은 신북면장을 지내셨으며, 삼남(三男)인 윤성순(尹珹淳: 1898~1971) 님은 윤철현(尹哲鉉)님께 입계하신 이후 충청남도 내무국장, 2, 3, 4대 국회의원, 교통부장관 등을 역임한 대표적인 공무원, 교육인, 정치인이었다.

담교당강수집에 실려 있는 차운시 저자들의 사진을 구하려고 백방으로 애를 썼으나 대부분 실패했다. 하지만, 윤장순 님의 사진 두 장을 직계 후손이며 이 책의 발간사를 쓴 35세 윤경환이 보관하고 있어 다음에 싣는다.

청산면장 시절 정원에서 찍으신 윤장순 님의 인물 사진(상)과 영정사진(하)

【부록 4】

담교당강수집澹交堂講修集 영인본

담교당강수집澹交堂講修集 영인본은
책 끝부터 우철로 수록되었습니다.

澹交堂講修集序

傳看之旨君子之交澹如水堂之號盖取
諸此也京師尹公達村之館於斯者粵在
宣廟西狩之時卽萬曆搶攘之歲也比其
旋旆留題四韵一聯頗寫離亂之情而前
述備矣其後尹公之若子若孫累世題詠
籠紗壁面膾炙人口康熙己巳達村之曾
孫判書公諱以濟按節關西右時款接禹

公諱璧之曾孫諱天與及辟從而有安帖
題詠之教捐其廩俸爲建一堂當其巡審矛
蠹來訪如承其先人之謦咳焉居諸易邁
上雨傍風檐櫳屋角揭然將蹶矣雍正乙
巳同知公諱世規嗣而葺之克遵先志而
以株樓未成爲一欠擧謀諸宗而究厥工
可謂幹蠱矣越二紀餘己酉之冬八人告
災延爇殆盡緬思遺蹟吁亦憾矣同知公

之伯胤諱(處夏)率其季氏(宗夏)暨宗人捄
辛亥春營辦村瓦增其舊而廣其制鄰保
觀瞻者咸曰某也孝某也孝云爾者承先
志也功告訖而禹公化逝痛矣痛矣今也
題詠之謄諸故紙者箇二收拾付諸剞劂
氏圖所以不朽而睞人(台彥 台同)昆季泣
請其弁文數字其門侄(頤彙 東漸 聖璘)同
志協謀而不佞贊于公之門業有年所矣

不敢以不文而辭系之以尾曰百年古堂
其交也澹雲仍傾盖自湨以南一朝灰燼
孝孫興感葺舊登望幽致不減欝蔚庭松
黛色臨檻皚皚園梨有實共含兩家交誼
雲樹依黯百爾君子顧名佩箴

崇禎紀元後三壬子正月上浣長水后人
通訓大夫前行金郊道察訪
李松心謹識

嗚呼交之道甚廣唯窮途之交爲不可忘
不惟其身之有不忘亦有子孫之愈久而
不可忘焉者耳昔我先祖遯村公諱國馨
受遇昭敬出入臺省歷履華顯畢生之所
交遊皆一時賢士大夫而吾於其子孫有
見而相樂者有聞而願見者然曷嘗有肺
腑難忘如澹交堂主人禹氏者乎嗚呼窮
途之感其如是也澹交堂主人禹氏之遠

澹交堂遺集序　三

祖諱璧 於我祖爲布衣交也故我祖當龍
虵顚沛之餘隻身而往寄之時卽萬曆癸
巳春二月也當是時我祖旣厄且窮上有
君父之嚴譴下無親友之救護獨禹公迺
能憫而接之館廩之惟謹貫四月如一日
噫二公之交其不可曰澹而成者乎及將
行我祖留一詩爲禹公贈因鄭重而別之
至今思之有潸其下盖自是達村公之子

若孫過而賡和者三數而最後我七世祖考三宰公諱以濟以西箕伯常駐節於禹氏之庄與禹公之曾孫諱天與重講世好且曰我先人世稿不可以不奉不如是後世子孫其何以證諸錄是捐金而付之俾爲堂而悉揭之併公述凡爲五枚也是年春族孫益模因事西遊首訪禹氏子孫於松梅之村始識堂之不陵不谷而板上諸

作亦得以保無恙於桑海之世也又得李
察訪諱松心公之序文而讀之知此堂之
踣而復起者未始不由禹公子孫之能幹
蠱也爲吾尹而不之感激者寧有人乎盍
模與禹氏諸彥謀不朽先詩且篤前好廣
蒐三家子孫之詩而合刊爲澹交堂講修
稧要余文以弁之余惟先世窮途之交不
以世窮而亦窮愈久而愈不可忘者爲可

記也樂爲之書以副其請歲甲寅重陽日
前文廟直貟尹商鉉謹識

記實

謹按家乘惟我十一代先祖達村公諱國馨官判書宣祖朝名臣年十八當嘉靖庚申從其外舅趙公諱琇於順安任所以趙公命讀書于郿東曹溪寺邑之人士多往從焉後三十有餘年龍蛇之亂作公以湖西方伯師

軍勤 王道遇敵戰而敗績以故削職白
衣從軍水陸間關馳達于定州 行在所
自 上召諭曰干戈阻絶之餘君臣相對
果何如哉尋又移 御于永柔梨花亭時
順之士人禹公諱璧以舊契邀公於家而
館之爲其瞻依日月之光地甚便近且窮
途道義之信於是夏多十旬居停竟以徃
護母病之 命馳還嶺之義城臨別贈禹

公以一詩有曰魂迷故國雲千里夢近行
宮月五夏禹公奉揭于所館壁上重之如
琬琰焉繼又三十餘年甲子達村公仲子
月潭公諱毅立官判書宣祖朝名臣以儐相之命西
出開追念先誼迺禹氏夏次先公舊韻
而揭之又三十餘年甲午年月潭公長子諱
世獻以隣邑倅訪禹氏復次其韻因以序
之又十八年辛亥我旁八代祖牧使公諱

以益亦以价川倅歷訪而次其韻又後十
八年戊辰我八世祖三宰公諱以濟以關
西伯旬宣列郡駐節於禹公之曾孫諱天
與之庄使三百紅袖細拂先四世紗籠之
塵榮慕彌深瞻詠益暢黎庶之觀瞻興感
山川之精彩蔟暎不徒爲一州一閭之榮
足爲擧一路觀風者採擇之美也公於是
又懼其久而泯焉捐金付禹公俾建一堂

扁曰澹交盖取禮經之義也仍刻其四世
詩及公詩并五板按序兩揭之以俟無窮
之傳焉噫世代彌遠參商修阻兩家之聲
息寥寥是歲之正家兒盆模以家貧親老
仕不擇祿之義帶田野檢莘之職赴務於
順安首訪抆楸島主人禹氏之庄獲升澹
交之堂則先蹟之斑斑可徵禹氏之款〻
相接實爲三百年來舊好之續而不意後

澹交堂詩修輯序

覩於此滄桑之世也因以禹氏故事叅證之畧曰同知禹公諱 世規 嗣而葺之越二紀己酉多回祿告警堂若板燒燼無餘同知公之胤諱 處夏 掃燼重建增其舊制而奠焉更刻吾先世諸公詩若文重新而揭之諱 履夏 之胤諱 台彥 台周 請於前察訪長水李公諱 松心 以爲澹交堂重新之記而揭之蓋綜詳無餘蘊矣若禹氏諸公可

謂仁之至義之盡也盆兒與禹門諸彥謀
所以愈久之道取兩家先詩及遺跡蒐輯
無漏匱藏兩堂安之今雲仍賡和原韻揭
扢今古付之剞劂編爲澹交堂講修集云
愚不敢泯默悉次前後實事以歸之
甲寅重陽學務委員 尹弘淳謹記

達村公贈順安曺溪寺僧
喪亂經年後孤臣萬死餘 行宮瞻日月

舊榻看遷篠天将謨何密神京賊始除題

詩欲寄汝悲喜淚盈裾

又

我是聞韶老師爲比屋僧鄉隣情最厚喪

亂淚雙凝屬有　皇威震還著海浸澄留

詩且志喜面目擬相憑

順安多舊相識

并州一念在平郊多少新知與舊交漂母

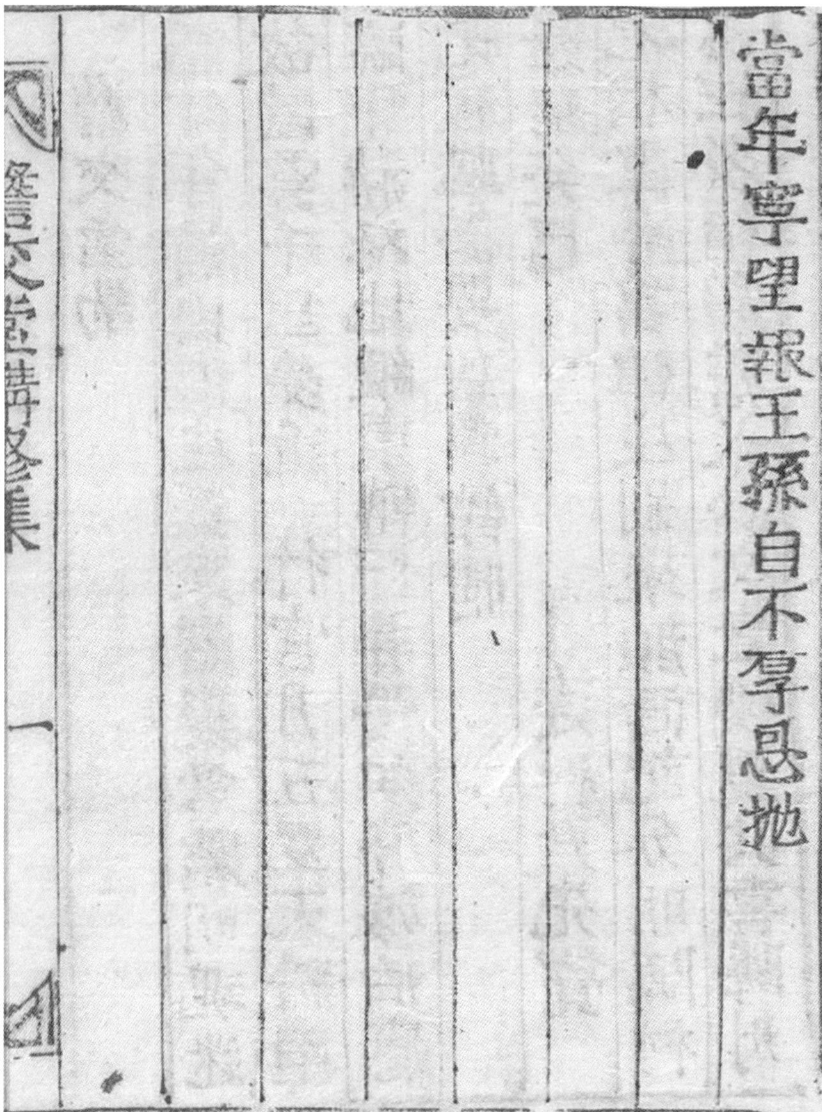
當年寧望報王孫自不辱恩抛

澹交堂詩參集 一

澹交堂韻

三十年前白面生重來鬚髮雪霜明魂迷

故國雲千里夢近行宮月五夏天將南

臨甲赫怒地維東轉行昇平知吾旅泊應

无幾朧語要留舊館情

嘉靖癸巳　　達村尹先覺

老相重尋舊館生別來顏面記分明陋村

惠枉多精彩澹水心交豈變夏共喜隣州

鑾路過行聞天將賊塵平一篇驪律千金
重三十年前未了情
嘉靖癸巳　澹交堂禹　璧

舊館重來百感生壁間遺墨尚分明年光
過隙成嘻昔世事翻瀾閱變更人把蘭薰
餘澤遠庭空松韻暮烟平邦知實主俱孤
露白首難堪永慕情
天啓甲子　月潭尹穀立

共憶先君百感生心交如水澹虛明襟期
敢望連承述歲月堪悲屢變更 聖代公
惟朝列顯遐方吾是戶民平壁間遺墨賡
和地賓主相同永慕情
天啓甲子 松韻禹大倫
嘉靖辛酉先王考在布衣從聘君徃來順
安任聊與縣人多相識及至萬曆癸巳
宣廟西狩駐蹕淸溪先王考歲以忠淸方

偪坐罷寓居楸島禹公壁之舍爲近行
宮也又於天啓甲子先王考受命儐接
西出關外經年遠滯遘疾深重一家以侍
藥來寓禹公之子之舍兩世留題各一首
刻板掛之堂壁以誌之矣頃在甲午歲末
不肖作宰三縣牙城安宅之間未滿一日
之程而公私冗故連仍歲四翻矣一未往
焉祇與舊主人之子若孫相從宅所而已

噫癸巳之於辛酉甲子之於癸巳俱是三十餘年之間而兩世之寄寓於斯有若前定者然鄉人至今傳說以爲西土異事戊戌之去甲子亦已三十有五歲則其間人事之變遷者不啻若風瀾之翻覆耳不肖今以皂盖之行重尋舊寓之地某邱某水宛若昔歲爰居爰處稍異舊制懸板題詠亦爲亂中所失而草草傳寫於壁上莊誦

愴咽不覺泣涕之无從玆敢不避辭拙伏
次遺韻一以伸追慕之至情一以眎後裔
之過者云爾

百年人事日俱生說盡悲歡夜向明望裏
山河容一樣座間賓主世三更淸塗貫趾
嗟難繼孤露餘懷鬱未平兩首遺編留半
壁效嚬和淚寫中情

戊戌元月下浣 尹世獻

世事悠悠感恨生百年遺跡壁間明當時
編什猶傳誦中歲悲懽各變更忝列西關
一行吏回瞻 北闕五雲平孱孫幸得追
先烈賡和何堪愴古情
辛亥秋价川郡守 尹以益
躬尋舊館感偏生手奉遺篇眼忽明世序
祖曾孫四系年華辛癸甲三更當時爲取
行朝近賀什旋教賊侵平撫事依然追慕

地壁間陳跡最傷情

己巳春平安道觀察使　尹以濟

先蹟瞭然感後生奎宮璇月證分明還南

鐙紱花千甲拱北星辰夜幾夏喬木春陰

同雨露蒲蘆至治圓昇平難忘易記青雲

陌洛水東流悵望情

禹台彥

峽裏辛勤見禹生吾先遺蹟訖分明百年

五

交契雲仍續千里關河歲月更愧我孱孫成老大看君一面亦生平山高水闊蒼茫地對塌依依話舊情

尹應漢

憶昔先賢倍今生日月揞灘際聖明舊館犖編連四系 行宮仙夢繞三更洛雲軒晃應需世衢月歌謠老泰平一路天何南北限松菴獨樹遠含情

禹宗堯

賓主何年併世生
扈車貢跡尚分明
新交不道時翻覆
故誼難忘歲換更
張室若非朋治子
魏家無乃客陳平
尹公有意堂名揭
繩武遺孫共感情

前察訪李松心

仰瞻扁額感懷生
徃蹟昭昭壁上明
交契美哉連世續
光陰倏爾幾年夏
欲承舊誼

人何遠追慕先聲意未平最恨遺孫俱瑣
尾賡詩一律愴心情

禹頊彙

月潭松韻兩先生如水心交澹且明百歲
雲仍宜不變中間年代幾多更問誰淸洛
承華閥愧我窮鄉老泰平顧使后孫同貫
顧重聯舊誼話新情

禹宗彙

登軒想古感懷生君子澹交額以明賢相
西遊何日月先人東易幾晨夏肯堂依舊
經回祿佳句尚新詠泰平不亦樂乎朋自
遠接賓世誼厚風情

李碩祚

追慕先聲感後生扁楣高處墨痕明月潭
往蹟詩猶在松韵遺風歲屢更留裔堅遲
承世誼先陰許火閱昇平猥將一律留賡

和願得通家續舊情

禹昌謨

先世雅交感後生光陰粤自我 皇明一千

里外或賓主二百年來歎變夏殘裔邦堪

孤露在虛堂空鎖暮烟平悠悠往事傷心

地何日重逢繼舊情

禹圭海

賢主嘉賓幸併生澹然交道煥然明百年

舊舘時多感萬曆遺孫歲幾更扈駕妖塵

留貴蹟譽髦 聖世樂昇平相承知遇真

奇事偎以無辭寫盡情

楊 鶯

松窩澹若有先生爲問公家舊蹟明前世

瓊章達四系後孫遺夢幾千夏深交自是

今袁炳火敬何殊古晏平賓主盛年同會

席重修堂舘感時情

八

朴潤曰

千里開山暮靄生文虹爗爗眼中明當時
館廨深相敬歷世堂楣久不更海色如今
當檻淨山形依舊入簾平拚和先帖因風
寄白首那堪愴慕情

前主事尹承圭

先蹟欲言感且生澹交堂額自分明有水
氷情人寂寞憑詩相歎事移更瞻傾千里

京鄉合月照方塘今古平鶯去鴻來無限
日承承不替兩家情

滄洲禹永冀

翹首西天感慕生奎華一點此中明暫遭
崑火能超出不逐滄桑變更軒外青山
棋勢列門前秋水鑑心平摩挲遺帖終難
忘這是吾家世好情

尹曾圭

兩家先誼國初生十世如今再講明邂逅當年琴一曲中間消息月三更澹交堂上斷雲合楸島村前春草平風雨非常人不測慇懃向後更傷情

禹在淵

夢裏開雲歷歷生遥知堂額舊扁明館中膠柒當時合庭下芝蘭慶世更石砌迴臨流水穩茅簷高與遠山平兩家三百年間

誼付梓今朝式表情

前觀察使尹喆圭

先契深深感後生澹堂顏色自分明路途
遠亦心光近年代久猶誼不夏臨門樹老
山同碧隔軒野虛水共平棟楣如古人安
在把筆愴然强寫情

禹永升

莘杜家中有後生先人交誼話來明遺痕

只有雲千里佳句猶傳月五更樹暎堂楣
秋日浄山園島邑暮烟平今朝刋稿誠非
偶聊表源源十世情

前教貟尹貞圭

龍蛇當年交誼生方塘霽月至今明堂古
千秋人已去壁留餘韻歲幾更洛水歸雲
魂夢惱楸村落日暮烟平但願來來相戒
勉勿替兩家永好情

前主事禹敬祚

西望開河百感生遥知寶墨揭堂明主人家訓傳相守吾祖詩篇賴不忘故國春深春草遠行宫月落暮烟平幾時到得紗籠下展此雲孫孺慕情

前直貟尹商鉉

先人交契届吾生今日斯堂復講明古壁風餘詩尚在踈簾月上世頽夏但將琴韵

長相和莫謂鈎心有不平塵事蒼茫春寂
寞落花啼鳥惱人情

禹興燮

先世遺風感後生尚存手澤自分明相思
后裔雲千里孺慕先人夢五更百世敦忩
同患難兩家惟願共昇平摩挲賡和縱龍
帖往事愴然不勝情

前主事禹永觀

脩阻關河老此生澹堂顔色夢懸明紗籠
古壁詩追慕株守仙庄世屬更當年賓主
靈如在宗國滄桑恨不平圖存高義何辭
謝賡和新編永好情

正三品前判事尹庚圭

我祖君先併世生隣期相照點犀明拊帖
賡和亭樹古龍湫尊奉歲華更洞口雲晴
流水遠渡頭烏下綠蕪平臨風西望懷難

抑鬱得腸脾字字情

前主事尹炳鉉

信誓當年同死生至今遺蹟自分明天涯

一角心常近滄海三桑誼不更每依欄干

多曠感且將書幅報安平考堂子室傳相

戒莫學時人朝暮情

秋圃禹永翼

忽忽離合是浮生寶帖隨時晦復明滄海

涌天珠暗伏崑山刼火玉無夏黃花小砌
三秋凈赤葉斜暉一望平百世難忘惟舊
館思君不見若爲情

前判事尹邦鉉

追想遺風感限生壁間扁額揭分明懷恩
漠漠雲千里魂夢重重月五更古宅尚存
人寂寞蒼山不變世昇平承承舊誼來來
事爲賦荀蔬表好情

禹元夔

讀來遺稿感懷生字字如珠個個明兩家
留裔零星在十世春秋悠忽夏隱居此地
隨蔣仲放逐何年繼屈平紅樹白雲孤島
上也知片月獨含情

前參尉尹壽鉉

日上斯堂百感生澹然交契水如明往事
怱焉人十世後孫遥憶月三更映砌黃花

秋氣淨繞墻遠峀暮烟平今朝遺帖刋行
意千載相傳永好情

禹永夏

虹月西天夜夜生却看楣上筆花明當年
賓主深相得此日雲仍詎可夏詩板染塵
磨復拭堂名取水澹而平爲君多謝登刋
意端諗吾家寔好情

尹一淳

陟降不覺感懷生念昔播遷忍說明永好兩家風百世相思千里月三夏戢慇先代同憂患但願後孫共泰平堂曰澹交深寓意不肖恐負古人情

輔仁軒禹永默

吾祖貞忠貫一生 行宮夜月夢中明瓊章揭列家聲遠灰燼經來屋制更絕塞寒雲通大漠長河喬木老异平主人辱誼難

忘却把筆遲回强寫情

委貟尹弘淳

升堂不覺感懷生舊日風光入眼明憶梅
東閣春千古望羲西天月五更後孫繼續
雲同起先契澹如水共平誰識個中無限
意一篇詩話兩家情

竹軒禹允燮

澹交堂上月輪生猶似 行宮舊夜明僑

居鄭重賢爲主繼述聯翩世亦夏西京鄕
色依〻遠古島楸陰漠〻平君子澤深終
不竭金蘭百代誦歡情

教員尹興淳

獻子無家道義生方塘霽月永相明古堂
春色長依舊歷世風光屢變更講信人皆
歸叔季刋詩自謂別并平從今如許將來
事聊付後天子孫情

龍門禹良燮

達爺忠義託詩生何夜 行宮見月明句
辭悲壯如工部筆力勍遒似率更子孫數
世賡和善堂室三間準制平千里相思主
人誼關雲河樹摠縈情

尹璋淳

堂以澹交先彩生兩家遺躅自分明詩藏
古饒人何在春入空庭歲又更倉山落月

相思倍洛水歸雲一望平村翁尙說當年
事況復後昆永慕情

禹永戴

遺編刋議是年生千里書來眼忽明此世
沈淪非復昔後孫交誼得無更如今人拊
堂扁古依舊天涵海色平四世主賓俱不
在西風紅樹黯然情

尹聖模

瞻望澹堂百感生先公笑語夢中明杖履
曾過人已古壁詩尚誦歲幾更喬木如今
琛洞老辟山依舊入簾平安得源源千里
路欣然相叙兩家情

禹仁則

在昔
宣廟朝癸巳春十二代祖蓮村公自光教
山敗後將詣 行朝以白衣待命于順安

郡知禹公諱(璧)之家在楸島(今平安南道平原郡自德面松梅洞)故往依焉及還留詩而別之觀其榛苓之思雲樹之感至今覽之凄然其後公之曾孫三宰公按節關西謂爲先誼不可泯捐出若干金以付禹公子孫構爲一堂命之曰澹交刻公之詩而板揭之下及月潭公父子與三宰公昆季并四公之賡述亦得以列焉嗚呼我尹與禹世交之切豈

偶然哉不幸中罹灰燼遺構蕩然禹氏諸宗後因其址而增築之尤可感也是年春不肖因公事至郡訪禹氏盖堂則无損而板籍在箱篋中且近住禹門諸氏一齊會迎如是久遠不忘誠是感謝而講舊話新源源續歡仍謀永久保存之策蔟刋成篇以爲各家之寶帖因書其顚末如此云爾

乃和之曰

自是吾生晩暮生今來遺墨見分明半千
里外羇懷遠三百年間世事更入室拜瞻
心愈感登樓眺望恨難平那知此日風埃
裏舊契童論十世情
甲寅暮春土地調査局書記尹益模
堂額高懸鑑後生先人交契久分明路隔
千山心不隔世更十世誼無更宿草滿庭
多曠感遺篇掛壁是昇平尊靈不欲楸鄉

秉故遺華昆續舊情

禹晉九

吾是吾家最後生詩從遺帖見分明我祖
途窮身耶適先公館待禮無更潛凝珠彩
山光媚屢閱桑田海色平耶能直登堂楣
下賓主開顏話舊情

尹聲模

登樓不覺感懷生遺墨數篇板上明敢悠

先代同甘苦且恨滄桑忽變更擁後蒼松
秋氣碧橫前遼水鑑心平刋行寶帖君知
否永壽兩家世好情

禹兢夔

等一小堂屆後生先人交道尚分明臭同
蘭蕙香相襲時變滄桑誼不更經營出自
息攸重繼述亦難意未平三百餘年如夢
過后孫到此奈堪情

土地調査局技手禹道爕

一爲相公一書生賓主中堂心月明雲山
何阻兩家會寒暑忽焉十世更石砌秋深
黃菊老叢蘢高出遠山平先代遺詩今并
揭摩挲不覺愴然情

前主事禹弼善

我祖君先幸併生主賓心事中明芝蘭同
臭自然應金石爲心爰不更人去京鄉千

里遠世傳詩賦五言平追憶往事講修地
敢忘千秋永慕情

禹永甲

往事悠悠感慕生摩挲遺蹟尚分明世系
十餘代已換光陰三百歲今更壁上華編
先訓重檻前古木暮雲平 行宮陪駕知
何日回首南天不勝情

禹元善

念先昷後生舊蹟尚分明彼此心何異中間歲屢更幽鶯簷角亂宿草砌頭平人去堂猶在不勝感愴情

禹濟則

在昔先公眷後生構堂揭板品題明一千里外居雖異三百年間誼不更浿西落日相思倍漢北流雲入望平星回霜落無窮日勿替兩家永好情

禹龍九

先交如水澹然生照我雲孫十世明空谷
人來舊誼講古堂春晚藏華夏仰瞻寶帖
壁間掛悵望抱川天外平兩家交義今如
許賡和不勝永慕情

禹聖杰

憶昔先公 聖世生百年紀蹟至今明護
從玉輦雲千里契合金蘭月幾夏敬以交

淙西后裔緒傳信續報安平澹之一字堂
之號揭載華扁感舊情

禹永復

公昔並時生堂成紀績明通靈犀一點相
思月三夏傳世交惟久持心澹且平澤流
餘韵在牖此後孫情

禹戴燮

先公追憶澹一生通靈寶鑑照心明瞻斟

只可釀三爵夜話猶能到五更楸島壺鐙
金契重龍灣護 駕砥途平來來欽歎承
先誼白雪高歌穩敘情
禹德鉉

溯先公牖後生堂之義澹虛明水千尺山
萬古月一輪夜三更與人善聲相應知我
心樂且平休有光流有韻世皆稱兩家情
禹鳳善

雲兄山弟併時生一片靈臺共照明山川
精彩人何遠葭露溯洄歲屢更相承後誼
心多感追慕先詩意未平滿院松楸依舊
立至今猶帶主賓情

禹秉玗

澹堂也是我先生詩亦子孫在在明行
宮故事風千里扇額遺文歲屢更芝蘭同
臭年年又山水知音曲曲平纏纏世誼難

忘却現今猶古一般情

禹秉瓏

禹生團會又尹生爭使陳編煥復明故誼

年将過十世欝懷月幾到三夏莫說人分

千里隔却看路上一車平從今消息源源

地不任區區繾綣情

禹秉琪

不先不後併時生同志同心一片明交如

滄水水無渴義重泰山山弗更棋逢敵手丁
丁落琴續知音曲曲平此日復修前日譜
源源勿負兩家情

禹善浩

近日吾門何事生滄交堂集族刊冊若存
賓主英靈魄可惜滄桑世變更合謀莫說
路遐通記實無妨詩拙平承先修後爲人
道三百年間多少情

禹再淳

追憶先公晩後生昭然古蹟到今明千里
心交天借便兼旬厚誼夜添夏洛社搢紳
傳世遠淇關農圃舊居平堂前水月淸於
鑑照得雲孫澹有情

禹麟善

肯構一堂義耶生欲尋古蹟自分明治聲
傳誦風千載交意淸澹月五夏奇遇兩家

稱盛事德陰十世際昇平揮毫寄語來來

者惟願後時不忘情

前監察禹晉泰

先代澹交感後生壁間遺墨尚分明斷金

其利猶今古如水光陰幾變更莫道相居

千里遠自來和氣一團平已聞錄捽未能

忝敢述蕪辭呈慕情

禹永著

世過十一及吾生相去相來歷歷明契合
風塵多事異堂經刧火幾時更遺詩新錄
錄分序後裔遂誠誠自平況後先靈明鑑
下豈無莞爾寃思情

禹永肯

不肖兒孫百感生非徒書月滿堂明來來
去去無相阻繼繼承承幾代更環階舊蘭
香遠聞方塘活水淡還平古人樹木猶爲

惜對此爲忩永慕情

禹永胄

心同契合地分生只有澹交堂額明追慕
百年雲萬疊相思千里月三更賡詩登錄
誠咸遂舊蹟維新事泰平爲告兩家爲後
者引之勿替古今情

禹敬則

澹交堂古感後生書月蒼々今古明主賓

唱和聲相應子仍繼承年幾夏蘭契由來
先誼重鴈書不絶報安平從斯以往千斯
載彼此敢忘如是情

禹晦善

澹交君子宅古蹟至今明相居鄉洛異趨
慕歲月夏樹老暗烔合洞深淡水平從斯
千萬載敢忘兩家情

禹永杰

先誼不忘吾後生傳來遺蹟自分明燕京
路遠雲千里楸島夜深月五更道變人難
爲接唔世紛時未問安平吳洲孤月相思
意斷後連芳不勝情

禹弘燮

尹公昔日道先生況復遺編不啻明 北
闕天長風萬里古堂月又夜三更十旬調
理非休暇九代繼承際泰平何事中間消

息斷題詩感古一般情

禹箕燮

文意澹澹及後生扁楣瓊什自分明松留餘韻風千古潭照清輝月五更感此兩家承世誼勉吾諸子樂昇平同鄉詩軸爭傳誦三百年前今日情

禹昌一

追尋傳韻感懷生徃蹟悠悠祇自明四壁

雲烟詩尚在一麾風露序幾更新誼綿縣
淸且澹古交落落正還平繼志元來人子
事願言世世不忘情

一 禹晉觀

澹交堂古拂塵生徃蹟蒐尋煥復明百世
芳名花萬朶兩鄉懷照月三更繼先述事
想觀感垂後貽謨樂泰平佛證禪燈無盡
屢令人永慕各陳情

禹明善

先祖堂高會後生心傳世系眼中明踈松
當主亭已古淸竹待人陰不夏光風霽月
如前又剩水剡山依舊乎遺蹟昭然多感
事一詩尤切两家情

前主事禹信則

乃主乃賓幸併生喜着遺蹟尙分明利也
斷金心一片懷芳中夜月三夏老木春深

金烏樂數椽堂古暮烟平話新感舊賡和
地接筆難堪十世情

禹泰夔

追思不覺露孤生惟此扁楣依舊明月潭
松韻恍如昨流水光陰久且夏園圖高屋
三間屹往蹟賴詩一律平故誼難忘千里
路也知卮月遠含情

禹永海

堂宇巍巍瑞氣生兩家遺蹟自分明契合
芝蘭香一炷調高春雪月三更庭畔翠松
亘古立壁間墨畫影痕平由來三百年中
事承繼後孫表舊情

禹致弘

先世感懷火縕生傳來遺蹟尚分明契合
芝蘭風百世交如水月夜三更忠節滿膽
淸海浸白衣待命路黃卒巍然堂室靈如

在到此後孫敢忘情

禹致夏

巵，駕輕塵巾襪生先人高義轉分明住
居雖隔雲千里思想難忘月五夏從世結
遊從古好後孫講誼至今平澹交堂亢門
楣揭到此方知感故情

禹益賢

澹交堂邑潭然生能使後人盛且明梨落

豈無春日青松貞曾不雪時夏久留下土
山爲重復出西關地乃平宇宙中興如昨
日尚將遺墨感遺情

農隱 禹乃善

心交如水澹然生能使後人永照明依依
蘭蕙留千載夜夜星河影五更思深結草
青山重憶在南州 小島平淸遊 幻墨今何
世去去益添寂寂情

禹秉喆

幽谷貧眈精彩生澹交還若佑神明契合
芝蘭年九世論如河海夜三夏君已搢紳
留洛社我何樵牧老黃平臨時王事催歸
路雲樹蒼茫故舊情

禹永奎

先世宜觀講後生升堂交志水如明客駒
貧影來千里子鶴和音達四夏子鈎昔遊

須感慕琴書新韻乃清平盥薇擎讀探珠
日肯構楣詞強輸情

禹昇鶴

憶昔瞻交感慕生由來世誼自分明百年
人物雖相替千里湖山故不更軒外山雲
同起立庭前松菊老昇平援琴彈出峨洋
曲舊調新翻亙有情

禹龍珠

公與吾懷從此生堂中先蹟兩相明交心
取水水常澹厚誼如山山不更迎駕陋庭
榮莫大感時旅欄夢何平至今此擧誠非
偶天借好緣陳我情

禹龍鎭

先世論交及後生鏡如相照月如明十行
記蹟今猶在一點靈犀久不更安定儒徒
承教化樂浪刺史致昇平嵬然高閣吟哦

三十二

地緬憶當年感我情

禹用夔

君子之交澹一生楣頭尙揭字分明軒松
陰庇春仍長潭月代昇歲幾更世誼兩鄕
依舊容吾途東土到今平晩詩賡唱先人
跡默立楸岑萬古情

禹龍河

念昔兩公萬曆生挽者遺蹟亦分明蠹老

螢乾詩自在花飛蝶謝歲幾夏今簡古契
父斯馥碧水今文淡且平寄語兩家爲後
者丁寧勿負繼先情

禹秉典

憶昔箏堂幽感生子孫護守慕分明依舊
樑間燕幾返至今廳上月三更廿棠餘蔭
傳恩誼喬木遺風樂太平吾鄉尚誦公施
德駐跡當年世契情

禹贊夔

短皇穠肚露孤生手把遺章眼忽明義高賓主無遐邇世閱春秋幾變夏堂依山立三間屹心與月圓一色平松韻蒼蒼潭月白徹吟荒律後留情

禹永普

天借兩家之緣曙朱之賓主代代達生心照一片之鑑玲瓏之水月夜夜長明出處

之不同於窮於達路雖霄壤志氣之相適
乃甘乃苦味豈變夏樽有舊醱之旨獻之
酬之眞率團圝板留古詩之佳唱之和之
歌曲昇平三百年之事久耿二思難忘
乎遺蹟十世誼之交切源源從遊聯族者
中情

土地調查局技手爲大瀾

一堂關係兩先生如在英靈誼講明敢忘

當年賓主好故承今日世時更人去京鄕
千里遠家傳詩賦五言平往事追惟修述
地不勝感淚出中情

禹錫珉

故誼不忘新誼生後人餘感自分明殘夢
能行路千里孤懷相照月三更如斯流水
來無盡截彼環山立不平堂號澹交非凡
語百年猶有表愚情

禹泳豐

澹交堂序

澹交堂趣旨何所取焉澹以交者水之性也而況當年賓主逍遙之故事詩以詠之序以記之揭壁紗籠尙在矣爲其後裔者孰不感慕罔知攸爲而前述昭然不敢復贅縷繼之世誼愈久難忘故玆敢數行追述曰在昔龍蛇之亂達村尹公諱國馨因事來寓於玆與我九代祖諱璧位雖主客

誼同伯仲源源相從雖古之桃園結義不是之過也詩曰緇衣之好兮敝余又改造兮適子之館兮還余授子之粲兮此二句三復書紳者也自此寂寞楸島之鄉名不尋常山雖野而幽僻川雖澗而潺湲不謂人境之昭然相遭者也有時乎對坐打話或雲樹蒼蒼而瀉朋儕於韻語或山水洋洋而懷好音於琴心邂逅高會已爲兩家

世襲之掌故也居鄉士夫過而欽羨曰嗟
之十九富貴不如黃鶴樓一詩此乃名言
也夫是歲甲寅兩謀大同遺蹟之蔟明事
寔出於愚慕不怠之誠乎噫君子之澤五
世斬雖孝子慈孫不是之過而況十有二
三傳之遠乎如是傳之則今日十世賓主
之誼亦安知來后百世賓主之張本也云
爾

澹交堂講修集

龍門禹良燮

歲在甲寅十二月下澣講修集終

(1962)
번호 4 5169
수량
문화재관리국

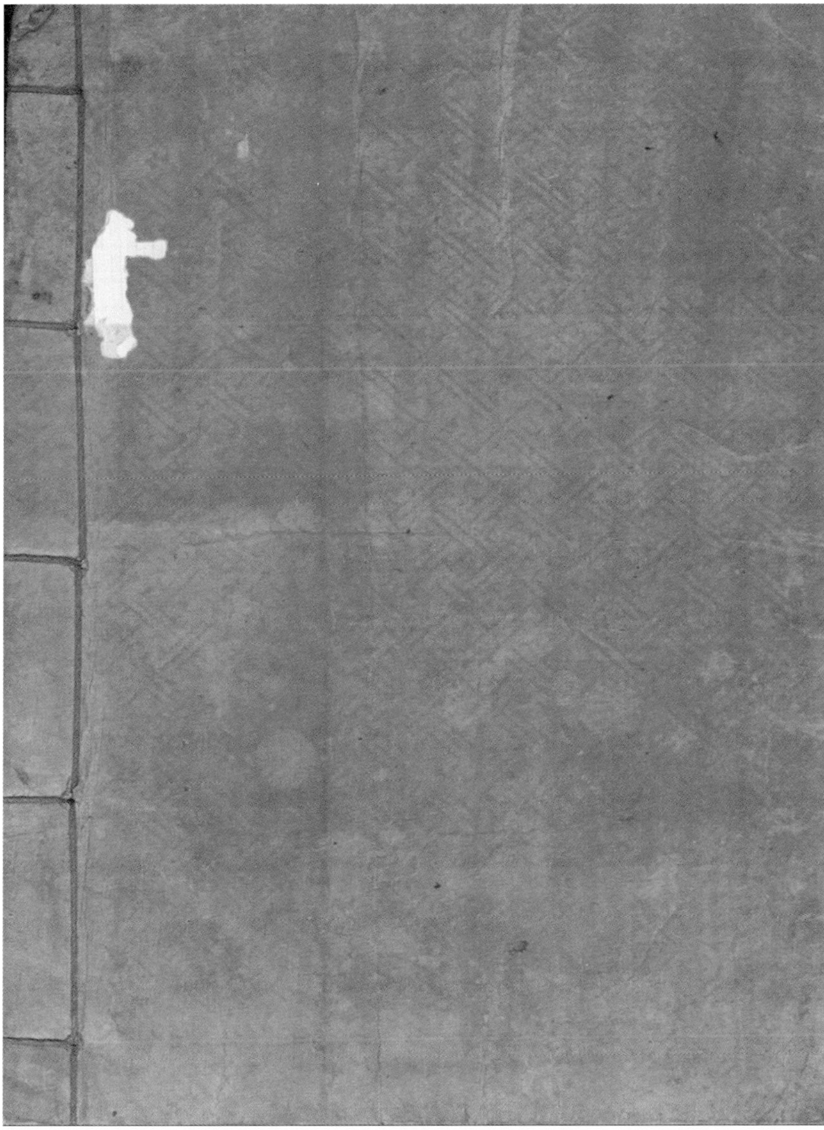